JN075183

東京メトロとファン大研究読本

一度地下に潜ると、抜け出せません！

著者兼水先案内人
久野知美
女子鉄アナウンサー

監修
南田裕介
ホリプロマネージャー

KANZEN

東京
メトロと
ファン
大研究読本

はじめに

Hajimeni

皆さんは地下鉄にどんなイメージを持つでしょう。

便利な地下鉄。楽しい地下鉄。就職先としての地下鉄。ミステリアスな地下鉄。当たり前のようにそこにある地下鉄。異国で出会う地下鉄。新しい地下鉄。点検中の地下鉄。そして、進化し続ける地下鉄。

私たちが何気なく暮らす、その足元に電車が走っていると考えるだけで、ちょっとワクワクしませんか？

世界有数の大都市・東京の地下を縦横無尽に走る鉄道、それが東京メトロです。自在に走り回り、人を運び、私たちの社会生活を支える〝交通の大動脈〟といえます。

そんな東京メトロの安全・安心への取り組み、社員の方々の思いを伝えるのはもちろん、久野と南田の五感をフル活用して、魅力や秘密、楽しみ方を「深く深く」掘り下げてみました。

今作は、たくさんの現場に潜入取材をさせていただくことができました。すべてのリクエストを叶えてくださった東京メトロさんに感謝しています!!

徹底した現場主義から誕生した、これまでの本とはちょっと違う?　新しい東京メトロ研究本をどうぞお楽しみください。

ディノス・セシールさん
衣装リース（ご提供）
いつもありがとうございます♡
杉浦哲郎さんプロデュース
鉄道サミット in 新宿アイランド
NACK5「スギテツのGNRR」公開収録 満員御礼♪
京王百貨店 夏の恒例イベント
京王フェスティバル
落ち着いたら、また「やってやんよ!」by 岡安先輩
大好きな地上ホーム
雪の日なんて、絶景!!!!
すき♡
日本鉄道賞 選考員を仰せつかっています!
2019年～毎年10月
年に一度の真剣勝負!! @国土交通省
アナウンサー人生の始発駅
「ムーンライトながら」で上京
駅カフェでエントリーシート大量生産
我らが出版社「カンゼン」最寄駅♪
「鉄道とファン大研究読本」
「京急とファン大研究読本」発売中!
中野坂上
Nakano-sakaue
西新宿
Nishi-shinjuku
新宿
Shinjuku
四ツ谷
Yotsuya
霞ケ関
Kasumigaseki
'19 10-
東京
Tokyo
御茶ノ水
Ochanomizu
マルコメさん 東京支社最寄り駅
新商品発表会MC etc.
非鉄のお仕事もしてます!
JTBグループ TPIさん最寄り駅
「鉄道でめぐるヨーロッパ」
パンフレット造成×ワンマン濃厚ロケの思い出♪
「ア・タ・ゴール」「日本版オリエント急行!?」
24系寝台×フレンチレストラン!
友人と女子会で愛用♡
地下鉄博物館 最寄り駅
スカパー!「鉄道チャンネル」公開収録も
ダーリンハニーさんと懐かしの「情報特急255」etc.
2019年初詣!
NHKラジオ第1「鉄旅・音旅 in Winter!」
生放送前にご挨拶!（ご利益ありました♪）
TBS「イブニングワイド」上京後の初レギュラー
TBSラジオ「乗りものニュース1155」
恵 智仁名誉編集長と2両編成♪
上京（上葉?）当時、ヘビーユース
常磐線ユーザーにとっての神駅
駅構内空間・把握率100%w
高田馬場
Takadanobaba
門前仲町
Monzen-nakacho
木場
Kiba
葛西
Kasai
明治神宮前〈原宿〉
Meiji-jingumae
赤坂
Akasaka
西日暮里
Nishi-nippori
仲良しの女友達との思い出の地!
友人はガジェットオタ@立命館大学 同級生
なぜか下町でよく飲みました（笑）
TOKYO MX「ご自慢ライブ おしあげNOW」
ななめ45°岡安さんと初対面!
まさに地下鉄についての公開生放送でした♪
所属事務所「ホリプロ」最寄り駅
南田チーフ・マネさん各位
いつもありがとうございます!!
テレビ朝日「タモリ倶楽部」制作
ハウフルスさん
2020年 念願のタモリ電車クラブ本会員に!!
錦糸町
Kinshicho
押上〈スカイツリー前〉
Oshiage
目黒
Meguro
'08-
麻布十番
Azabu-juban
'20 05
安彦線
Abiko Line
北村線
Kitamura Line
石留線
Ishidome Line
K 久野知美 × メトロネットワーク
Tomomi Kuno & Metro Network

NHKラジオ第1「鉄旅・音旅 出発進行!」
レギュラー出演中!!
土屋礼央さん、野月貴弘さんと3両編成♪
テレビ朝日 アスク
気象予報士試験勉強にトライ
敢え無く路線変更(典型的な文系脳…汗)
大学時代の所属事務所 最寄り駅
アナウンサー研修
たくさん学ばせていただきました!
BS日テレ「友近・礼二の妄想トレイン」
レギュラー出演中!(2020年6月~)
窓口→すっかり いじられ担当に!?
どうしても地元・大阪を思い出す
「京阪電車にお乗り換えですか?」
アクセントも違うねんで
久野車? こと、東武特急「Revaty」接続駅
東武鉄道 駅舎は"久野 節"さん設計
鉄道省初代建築課長(ご先祖様??)
自動アナウンス収録会社
ニッポンレコーディングゲ
最寄り駅!
渋谷 Shibuya
'18 08-
外苑前 Gaienmae
溜池山王 Tameike-sanno
新橋 Shimbashi
'20 06-
京橋 Kyobashi
浅草 Asakusa
荻窪 Ogikubo
久野車? こと東武「TJライナー」
西武特急「Laview」接続駅
ビラ配りバイトから8年後、晴れてデビュー!
鉄な仕事の始発駅・テレビ朝日最寄り駅
テレ朝Ch1「諸説!!鉄道人!!」「お願いランキング!」
「テンション上がる会?」「あさテツ」and more!
テレビ東京「なないろ日和!」生放送
「よじごじDays」生中継、出演中!
懐かしの「ココリコミリオン家族」も神谷町st.!
テツの聖地!
鉄道フェスティバル @日比谷公園 最寄り
スカパー!「鉄道チャンネル」公開収録 etc.
立ち飲み居酒屋「キハ」さん最寄り駅
オオゼキタクさんはじめ、鉄道仲間との会合も
スギテツ・杉浦哲郎さんとの出会いもココ!
ポポンデッタバーガー&パブシュッシュポポン
トレインビュー×鉄道模型×絶品バーガー
ベルズさんとのX' masイベントも!
岩倉高校最寄駅
長島さんや吉川さんと番組収
懐かしの写真はシリーズ1に
(P.141)
池袋 Ikebukuro
六本木 Roppongi
神谷町 Kamiyacho
日比谷 Hibiya
人形町 Ningyocho
仲御徒町 Naka-okachimachi
上野 Ueno
上京(笑)当時 常磐線 南柏駅住み
JR→メトロの自動放送 切り替えに萌え鉄
森谷真弓さんファンに♪
メトロファミリーパーク in AYASE
ダーリンハニー吉川さん×なな45岡安さん×南田チーフと!
BSフジ「鉄道伝説」収録でもお世話に♪
東京メトロ どきどき体験隊 in わこう2018
なな45°さん×メルヘン須長さん×南田チーフと!
メトロ車両基地イベント始発駅♪
JTBパブリッシングさん最寄り駅
鉄道ツアーや「るるぶ&more」で相互乗り入れ♪
JTB時刻表×妄想トレインコラボ号も!
大好きなトレインビューカフェ
Skew(スキュー) @有楽町マルイ
1月閉店まで、スタッフさんも仲良しでした!
BSフジ「鉄道伝説」収録
潜入取材兼ねてお世話になりました!
野月さん×梅原淳さん×南田チーフと♪
書泉グランデ 6階 テツのオアシス
書籍発売イベントから収録ま
いつも感謝です♡
北千住 Kita-senju
北綾瀬 Kita-ayase
'18-
和光市 Wakoshi
'18-
市ケ谷 Ichigaya
'20 11
有楽町 Yurakucho
-'21 01
新木場 Shin-kiba
神保町 Jimbocho
G 6F
南田線 Minamida Line
小林線 Kobayashi Line
細沼線 Hosonuma Line
江幡線 Ebata Line
※ホリプロマネージャー線 乗換

目次

第1章

久野知美 東京メトロ潜入取材！

第2章

どんな人が働いている？ 日々の仕事は？ 東京メトロの疑問・秘密を徹底調査

第3章 私の妄想地下鉄を紹介します！

総合研修訓練センター1階にある模擬駅
「センター中央駅」にて、貴重な千代田線6000系と。

総合研修訓練センター奥にある
「センター東駅」にて。
和光検車区新木場分室と隣接している。

第1章

久野知美
東京メトロ潜入取材！

10月2日 上野検車区

3カ所め 10月12日 和光検車区

4カ所め 10月22日 千住検車区

10月27日 王子検車区

7カ所め 11月19日 和光検車区 新木場分室

8カ所め 11月26日 中野検車区 小石川分室

12月7日 鷺沼検車区

11カ所め 12月16日 千住検車区 竹ノ塚分室

12カ所め 12月16日 綾瀬検車区

覇への道

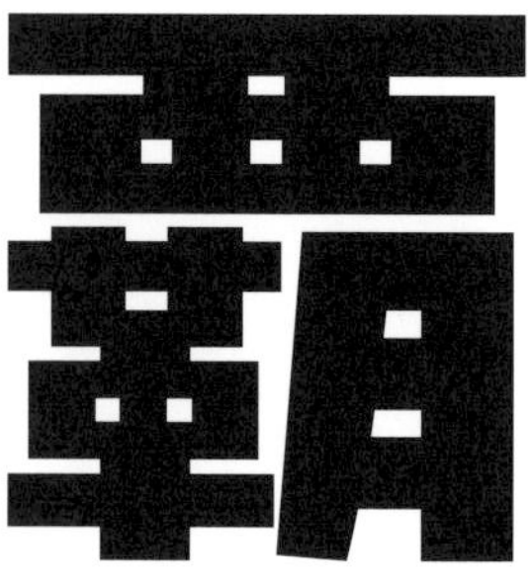

せっかく東京メトロさんと一緒に書籍を制作できるのだから……久野知美がまずリクエストした企画が検車区訪問！ しかもできれば全検車区、という大胆なお願い……!! 私たち利用者からは見えないからこそ、「日常業務はもちろん、どんな施設で、どんな方が働いているのかを知りたい」——そんな思いをくんで下さり、希望通りすべての検車区（分室含む）の取材が実現！ 9月の残暑厳しい頃にスタートした取材も、最後の12カ所目の綾瀬検車区を訪問した時はすでに年末。各検車区の仕事内容や施設の様子をもっともっとお伝えしたいところですが、ページ数の関係上（1冊では収まらないでしょう汗）、約3カ月にわたる検車区全制覇の道のりを絵日記形式で濃縮してまとめました。

1カ所め 9月29日 中野検車区

2カ所め

5カ所め 10月27日 深川検車区 行徳分室

6カ所め

9カ所め 11月27日 深川検車区

10カ所め

久野知美 検車区全制

構内図 車両 6両×25本、3両×4本（162両）収納　※最大収納能力ではありません

丸ノ内線

中野検車区

1カ所め

1961年に完成。中野工場も隣接しています。銀座線および丸ノ内線車両の検査や修繕などを行います。

9月29日

今日から、怒涛の〝東京メトロ 車両基地全制覇〟ロケスタート！　トップバッターは、主に丸ノ内線車両を抱える中野検車区。以前、ブエノスアイレス帰りの500形が修復された際のお披露目会や、テレ朝「テンション上がる会？」ロケなどでも伺っていたので再訪です！　変わらず大事に保存されている500形の運転台や、車両基地名物!?〝無事湖（＝無事故）〟などをくまなく見学！　基本的には地上車庫ながら、職員の皆さんが待機する詰所の下に検査ピットがあるなんて知りませんでした！

土地いっぱいに線路が敷かれているため、車両基地構内を移動する際は注意が必要。

ピット内は、車両がなくてもピンとした空気が……。

検車区員が履く東京メトロのスニーカー。「ぜひ販売してほしい!!」と久野は大興奮！

検車区池めぐりはここから始まった。ネーミングセンスに一同大興奮！

職員の詰所が2階にあるため、作業するときは階段を下りる形に。

丸ノ内線500形も特別に見学させていただきました。

アルゼンチンより帰還！

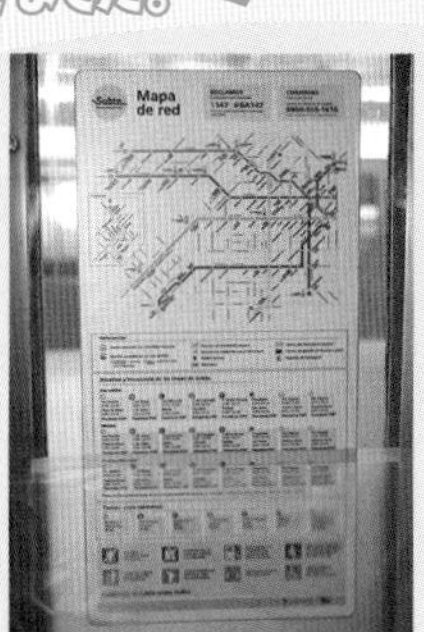

車内にはブエノスアイレスでの路線図も残っています！

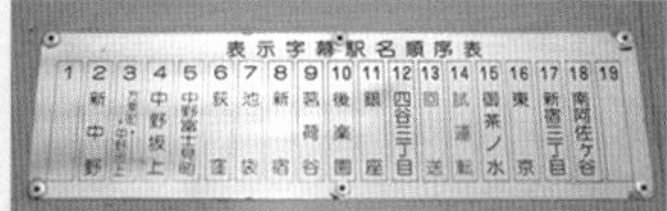

500形の字幕の駅名順序表。

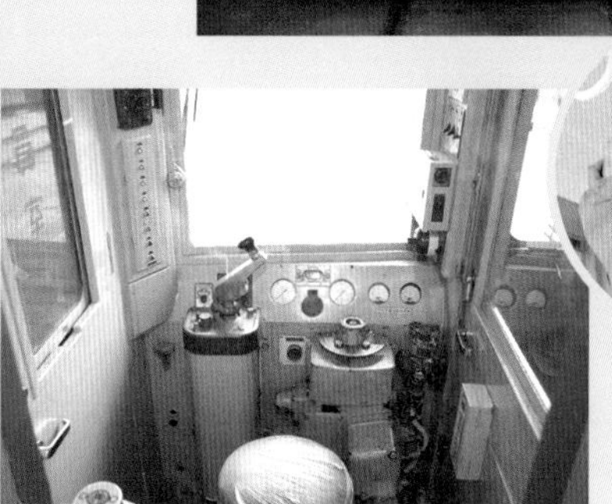

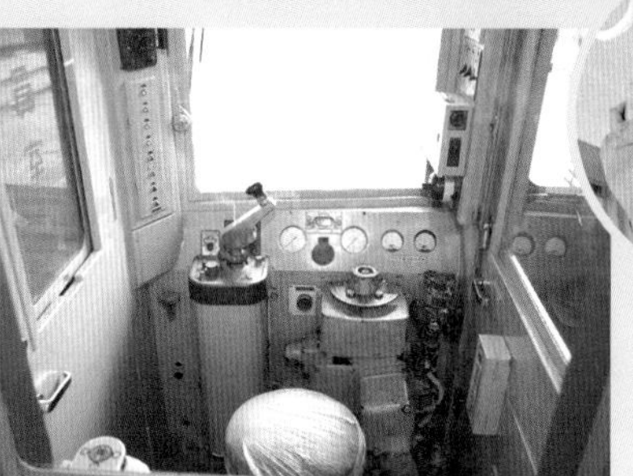

懐かしい500形の運転室。

貴重な車内、思わず写真を撮りまくる（笑）。

方向幕も「ブレノスアイレス」!! サインウェーブがキラリと光ります。

中野検車区の皆様 ありがとうございました！

銀座線

上野検車区

2カ所め

構内図 車両 6両×19本（114両）収納　※最大収納能力ではありません

建物から見た検車区の様子。地上は6両編成が7本、地下には13本留置できます。

10月2日 ☀

東洋初の地下鉄として誕生した最初の路線・銀座線の上野検車区。必然的に最も歴史ある車庫ということになります。地下鉄なのに踏切があるのは有名で、よく「見鉄」するご家族を目にします。（この日は、乗りものチャンネル がみさん＆欅さんに遭遇!!）踏切からも覗ける地上車庫と、地下宮殿ともいえる地下車庫の2段構造。ここに潜入できるなんて感無量！ サードレールに気をつけながら、1000系がズラリと並ぶ姿を目に焼きつけます。レトロ車にも会えました!!

地下鉄で唯一の遮断式踏切。見学に来る鉄道ファンも多く、この日はなんと乗りものチャンネル※の取材班に遭遇!!

レクリエーション設備も充実しています。手前には卓球台、そして筋トレ器具も完備しています！

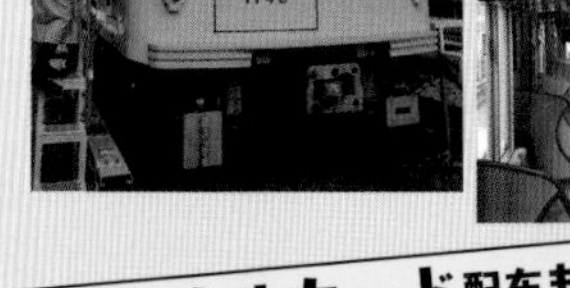

人気のレトロ車両。40編成ある車両のうち、レトロ仕様の「1000系特別仕様車」はわずか2編成だけ。

オリジナルカード配布も！

踏切を見に来たお子さんに配っているというメトロカード。なおコロナ禍の現在は配布を中止しているとのこと。残念！

※乗りものチャンネルYoutube　【東京メトロ】銀座線の踏切がいろんな意味でレアすぎた　https://www.youtube.com/watch?v=Sa9o_OnQIf0

有楽町線・副都心線 3カ所め

和光検車区

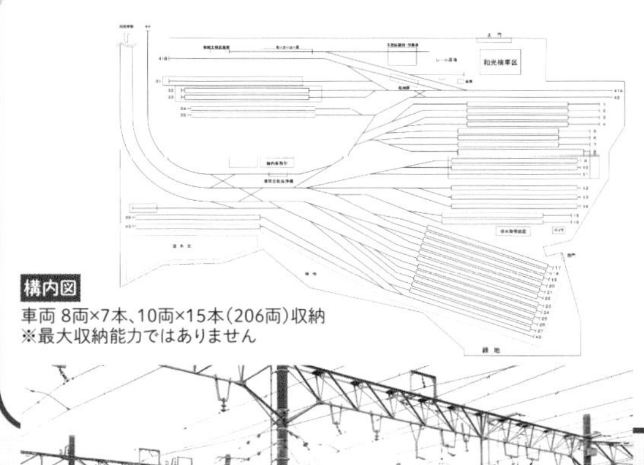

構内図
車両 8両×7本、10両×15本（206両）収納
※最大収納能力ではありません

有楽町線・副都心線が、西武、東武、東急、みなとみらい線との相互直通運転を行っているため、検車区の中で車種の多さは一番！　広大な敷地にさまざまな車両が並んでいます。

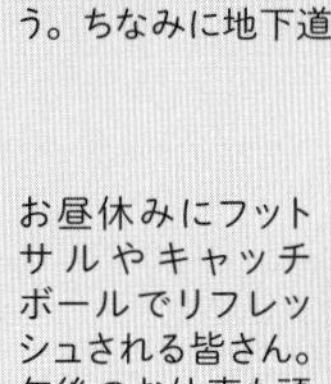

地下道を発見！　検車区にあるのは意外と珍しいのです。トンネルをくぐり、大人の社会見学は続く…。

10月12日

「東京メトロどきどき体験隊 in わこう 2018」など、車両基地イベントで度々訪れている和光検車区！ 敷地が広大なことは知っていましたが、ここまでとは……！ 10000系や数を減らしている7000系、相互直通運転先の西武6000系、東急5050系4000番台、東武9000系に加えてまだデビュー前（※取材当時、2021年2月デビュー予定）の17000系etc. 錚々たる面々が地上車庫に留置されていて大興奮！ 特別に車内散策もさせていただきました♪ （→P.25）

牽引車「アント君」。これから車輪転削する車両を運ぶそう。ちなみに地下道の上あたりに転削庫があります。

お昼休みにフットサルやキャッチボールでリフレッシュされる皆さん。午後のお仕事も頑張ってくださいね！

和光検車区の皆様ありがとうございました！

これぞ職人！の1枚

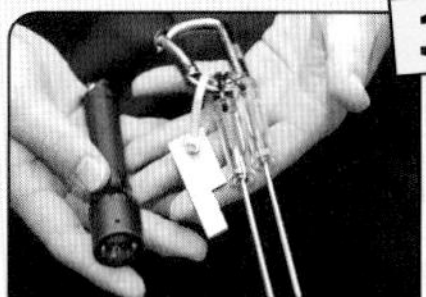

車両係・小松さんの「三種の神器」。精密ドライバーセットと点検灯。普段から持ち歩いているとのこと。仕事への情熱が伝わります！

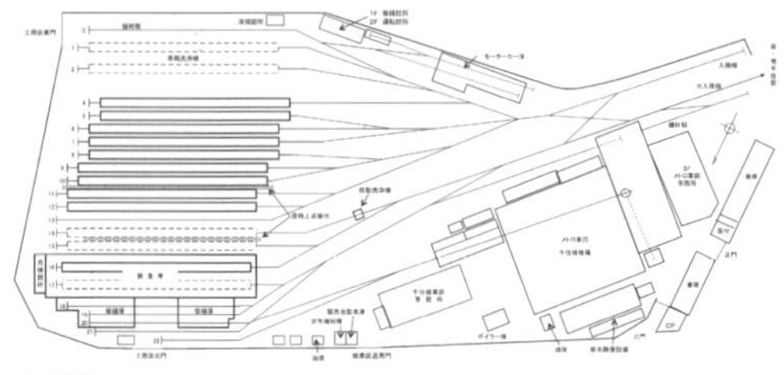

構内図 車両 7両×11本(77両)収納　※最大収納能力ではありません

日比谷線 千住検車区

4カ所め

千住検車区から見えるタワマンの奥には JR 貨物の隅田川駅もあります。

10月22日

完全に初・訪問の千住検車区!! 2008年に上京した直後よりお世話になっている日比谷線。東武さんからのご縁で、初めて直通車としてアナウンスを担当させていただいている13000系もこちらの地上車庫でメンテナンスを。ひたすら頭を下げてきました(笑)。屋上から見える銀杏並木に惚れ惚れしていたら、「春は桜も綺麗です!」と。スカイツリーも間近&近くには貨物ターミナルもあるし……! もう、ここに住みたいw

日比谷線からの出入庫線。この勾配がグッときます。

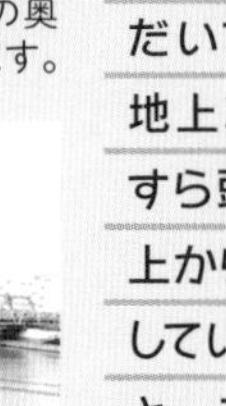

建物の屋上から隅田川と鉄橋が見えます。春には桜が綺麗なんですって!

南千住駅から徒歩で10分ほど歩きます。

タワマンと13000系。検車区きっての写真好きな社員さんがベスト撮影スポットを教えてくれました!

懐かしい3000系の引退車両にも会えました。感激!!

千住検車区の皆様 ありがとうございました!

庭園のような「無事湖」!

検車区名物「無事湖」。こちらはきれいに手入れされて錦鯉らが気持ちよさそうに泳いでいました♪

東西線

5カ所め

深川検車区 行徳分室

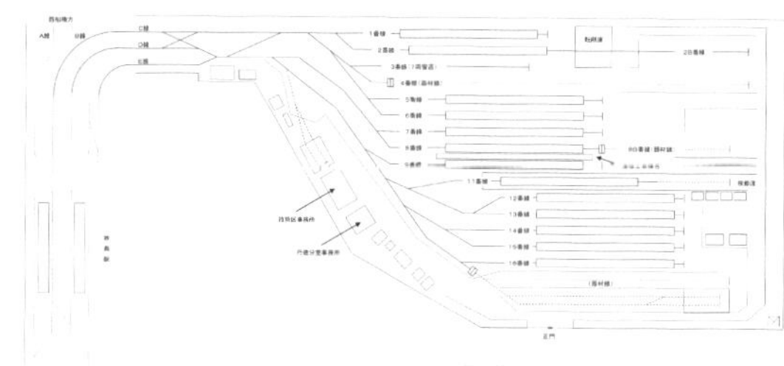

構内図

車両 10両×12本（120両）収納
※最大収納能力ではありません

入り口すぐに、車輪と車軸のオブジェがお出迎え！

深川検車区を横断する大きな橋、県道179号線。橋を架けるのにわずか1日で完成させたそうです。記録的な道路が大きくそびえ立ちます！

珍しい映像をキャッチ。「車輪転削」の作業中、車輪の削りかす（切粉）を見た!!音や匂いに大興奮!!

10月27日

入り口すぐに、珍しい車輪と車軸のオブジェが迎えてくれた行徳分室！こちらも個人的には初・訪問です♪主に東西線車両を扱い、かつては行徳検車区とされていましたが「1路線・1検車区制」への方針変更を受け深川検車区と組織統合。現在の分室となりました。車輪転削装置や、名称不明？の池には立派な鯉。百葉箱に、妙典橋！〝あとから跨がれ〟何と工事はたったの1日という伝説も！意外とレアづくし！編集担当・滝川さんも大興奮でした（笑）

深川検車区行徳分室の皆様 ありがとうございました！

池には鯉がたくさん！

各所恒例の池シリーズ！名前はないそうですが、立派な鯉がたくさん泳いでいました。現在は使われていない百葉箱。そのまま残っていました。

構内図
車両 6両×5本（30両）収納
※最大収納能力ではありません

南北線 6カ所め

王子検車区

検車区で唯一、機能がすべて地下にあるのが王子検車区。ちなみに車庫の真上は公園となっています。

王子検車区は車両基地でありながら、ATC制御となっており、留置線（構内）扱いとなっています。

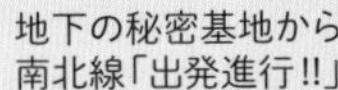

地下の秘密基地から南北線「出発進行!!」

10月27日 ☀

いかにも地下鉄の車庫！ という、〝外から全く全容がわからない〟王子検車区!! こちらも初訪問です!! 全ての車両が地下スペースに。さらに、その地下空間は多層になっていて、隣の番線に入っている編成が壁に遮られて見えない！ 漫画のような秘密基地感満載。一方で、しっかりと「無事湖」のような水槽が並んでいて統一感も?? 運動できるスペースもしっかり確保。最寄りの南北線・王子神谷駅との往来には、地下車庫ながら自転車が大活躍!!

南北線ができた当時は地上から電車を搬入していたため、電車の搬入口があり、今は、レールなどの搬入に使用しているとのこと。

昼休みはゴール!!

昔使用していた車体職場などのスペースを使って、サッカーやテニスをして、コミュニケーションを図る場に。

恒例の無事湖！ですか??

恒例の池シリーズの番外編。池ではなく、水槽に亀やメダカ。さらにはガンダム?も飼っています。

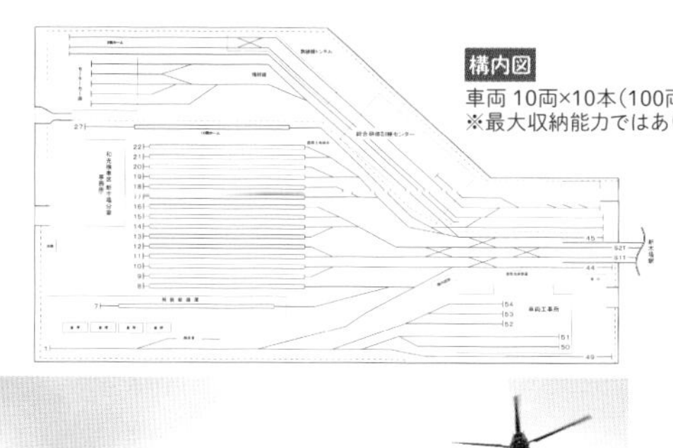

構内図
車両 10両×10本（100両）収納
※最大収納能力ではありません

有楽町線・副都心線　7カ所め

和光検車区 新木場分室

11月19日　晴れ時々くもり

テレビの収録などで、度々お邪魔している新木場分室！ もともとは、行徳分室と同様に新木場検車区として使われていました。研修センター（→P.104）や車両工事する新木場CR（カーリニューアル）を併設しているだけでなく、ヘリポートまでもが隣接する〝乗りもの好き〟にはたまらないロケーションの地上車庫！ 地下鉄車両×ヘリコプターの写真が綺麗に撮れるのはここだけ!? 有楽町線（および副都心線）の直通車両、西武・東武車にも会えます♪

東京ヘリポートの向かいに位置するため、電車&ヘリのコラボが実現！ 乗り物ファンにとっては贅沢な景色。

ここに来ると必ず迎えてくれる西武6000系の〝NACK5〟ラッピング車。ご縁を感じます（笑）。

他にはないという検車区をまたぐ長い歩道橋。ここから電車を眺めるファンもちらほらと。

和光検車区新木場分室の皆様
ありがとうございました！

レア！な3枚

思いがけず2018年に引退した6000系に遭遇。編成分割用の中間運転台を見せていただきました！

丸ノ内線 8カ所め

中野検車区 小石川分室

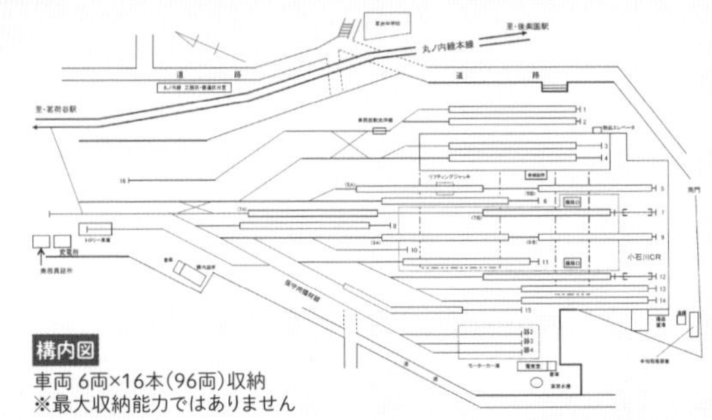

構内図
車両 6両×16本(96両)収納
※最大収納能力ではありません

洗浄線のすぐ横を営業線「02系」が通る、小石川分室の特徴。子どもが手を振ってくれていることにも気がつける距離感!

クレーンで空飛ぶ銀座線1000系!! 丸ノ内線の検車区に銀座線の車両が工事のために運び込まれていました。

11月26日 ☀

丸ノ内線で茗荷谷駅を通過してすぐ、チラっと拝見するたび気になっていた小石川分室。念願叶って、初訪問となりました♪ 営業線の最も近くに位置するのが実は洗浄線だったとは……! 4階建ての建物を最大限に活用したスペースで、小石川CR(カーリニューアル)も併設。大型クレーンを用い車体を持ち上げる様は圧巻!!! かつて工場として大活躍した設備がそのまま現存。想像の上の上をいくハイスペック。地上車庫ながら、建物内の留置スペースも充実! アッパレの一言です!

洗浄を車内で体験!

昔、メトロの指令室があった扉。今は開かずの扉となっていました。

まだ新しい「2000系」に乗車させてもらいテンションが上がっちゃう♪

東西線

9カ所め

深川検車区

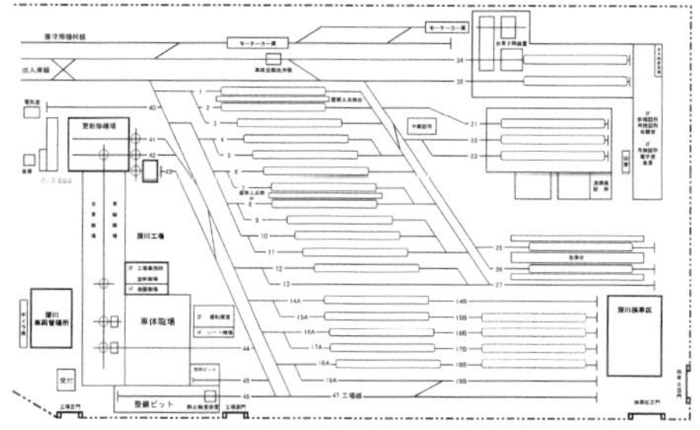

構内図 車両 10両×20本（200両）収納　※最大収納能力ではありません

12ある東京メトロの検車区（分室含む）で唯一、大型の空調が完備されている新ピット。電気はLED、床もピカピカでとっても作業がしやすそうです。

こちらは車両ドアの点検の様子。薄い板を挟みながら何度もドアを開閉させ、その隙間が5mm 以下になるまで綿密に調整していきます。

11月27日

2016年に、フォトライターの栗原景さんと〝はとバスツアー〟で東京近郊の遺構巡りイベントを実施した際、毎回 深川検車区の前を通過。目線の高さがちょうど東西線車両たちと同じくらいで、ワクワクしたことを覚えています！ 道路より少し小高くなった地上車庫は広々していて、ワイドドアの車両たちも伸び伸び寛いでいるよう♪ 新ピット内は空調完備で、夏は涼しく冬は暖かいとのこと♪ ゴルフの打ちっ放しスポットや、名物の無事湖風の池（名前無し？）も！

ここにも大きな池が!?

やっぱり（！）ここにもあった無事湖風の池（上）。燈籠が飾られています。事務所の前には、なぜだか某テーマパークのキャラクター風の石像が……（右）。

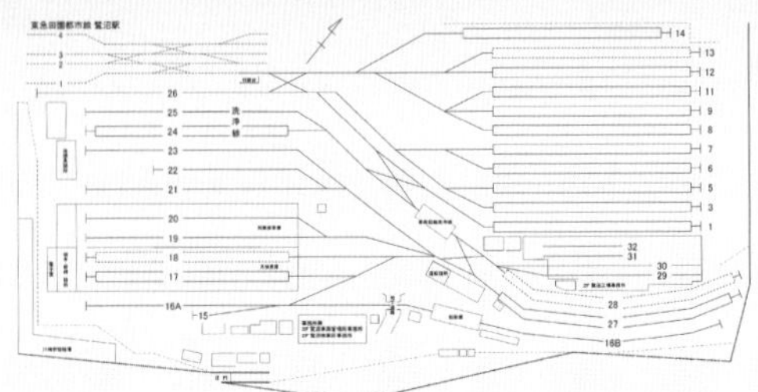

構内図　車両 10両×14本（140両）収納　※最大収納能力ではありません

半蔵門線

鷺沼検車区

10カ所め

奥に鷺沼駅のホームがあるのが分かりますか？ 鷺沼は東京メトロの検車区の中で一番〝駅近〟なのです。管轄は東急さんですが……！

『車輪転削盤』を間近で見せていただきました。車輪を回転させながら、刃を当てて削っていきます。

12月7日 ☀

書泉さんに立ち寄る時など、個人的に乗車率の高い半蔵門線。その車庫が遠く鷺沼にあることは知りながら、こちらも初訪問!! 一般的に、車両基地は管轄の路線付近に設置されますが、鷺沼検車区は東急沿線。最も近い営業線も、相互直通運転先の東急田園都市線というレア感！ しかも敷地の目と鼻の先を行き交うなんて、たまりません!! 謎の地下通路にあるバスケットゴールや、屋上のテニスコートなど独特の見所が盛り沢山♪ そして……噂のあのコにも……まさに感無量……！（涙）

トンネル内など左右には余裕がないため非常扉は前方に設置。

和光にあったものよりは短いけれど謎の地下道発見！

鷺沼検車区の皆様
ありがとうございました！

青春のひとコマ!?

建物屋上のテニスコートで部活体験!? 広い空き地もあり思う存分体を動かせます。また、こんなところにバスケットゴールが!？

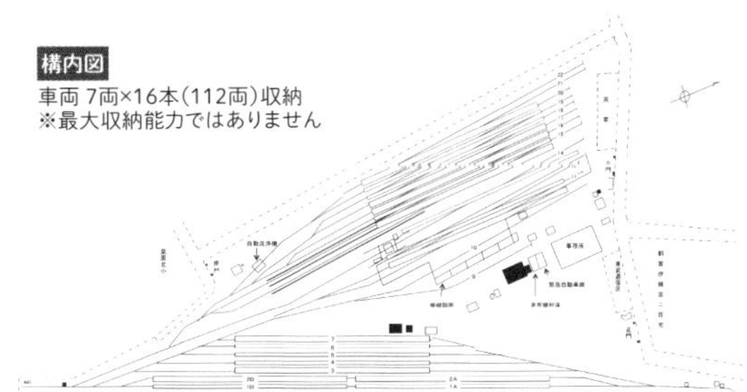

日比谷線 11カ所め
千住検車区 竹ノ塚分室

一仕事をおえて、検車区で洗車中の13000系。なんだか気持ちよさそう!

12月16日 ☀ 時々 ☁

東武スカイツリーラインで、埼玉方面に行く際に車窓から眺めていた竹ノ塚分室。東武線沿線に腰低く(?)車両たちが並ぶ様子がずっと気になっていました。こちらも、満を持しての初訪問! 入り口には、火の見やぐらのような〝東武鉄道さんのアンテナ〟なるものが! なんでも、メトロの社員さんも全容がわかっていないそう。我がコ(13000系)がお風呂に入る(=洗浄される)姿を見せていただいたり、貫通扉を開いていただいたり……! 今日もご馳走様でした♪

壁に貼られた標語を見てしみじみ。私たちの安全を守ってくださりいつもありがとうございます!

ピットが増築されているためピットの内部に高さの違うところが。歴史を感じます。

特別に貫通扉を使わせていただきました。力を入れずに開くことを知りました。

検車区入り口付近の巨大なタワーが目に入ります!
※東京メトロの敷地に隣接していますが、タワーは東武鉄道さんの所有です。

無事湖ではありませんが……

敷地があまり広くないためこちらの水槽が無事湖のかわり。車両係の松田さんが管理されています。

千代田線

12カ所め

綾瀬検車区

構内図 車両 10両×20本、3両×3本（209両）収納　※最大収納能力ではありません

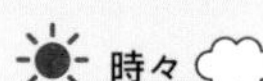

12月16日 時々

トリを飾るのは「メトロファミリーパーク in AYASE」などでお世話になっている綾瀬検車区！ BSフジ「鉄道伝説」のロケでも伺っているので、もう知らないことはない……!? と思っていたら、敷地内のビニールハウスで花を育てていたり（綾瀬グリーンセンター）、広めのサッカーコートがあったり、新発見が続々!! この日は、電気部の皆さんが訓練されている様子も拝見できました！ 名物の池（名前無し？）やメトロマーク入りのオリジナル花壇なども健在！ 東京メトロの車両基地、実に奥深い……!!

検車区で働く人が仕事の後に使うお風呂。二つある浴槽はとても大きくて、窓からは日が入ってきて、気持ちよさそう。

こちらはテニスコート。敷地内には他にもレクリエーションスペースがあります。

車輪を削っている様子。急ブレーキなどで歪な形になった車輪を削って丸くします。数年使用すると、最初から比べて数センチ小さくなるとか。

こちらは車輪を削正したあとに出る切粉。削りたてのほかほかでした。

綾瀬検車区は特に広いので敷地内は備品の自転車で移動するとか。自転車からも歴史を感じます！

電気部のみなさんが訓練をしているところに遭遇。こうやって電車の安全は守られているんです。

ビニールハウスでは花の栽培も。

扉開放厳禁
（小動物が侵入のため）

どんな動物が入ってくるのかしら。

綾瀬検車区の皆様
ありがとうございました！

これは無事湖……？

綾瀬検車区には2つの池がありました。検車区奥の池はだいぶ年季が！

2020年度グッドデザイン賞受賞
有楽町線
副都心線

17000系

を見学しました！

有楽町線・副都心線用「17000系」は、有楽町線開業時から約46年間活躍中の「7000系」に代わる新型車両。相互直通運転に適合する性能から快適性・安全性、デザインに至るまで、ポリシーを感じます。ここでは内装を中心に紹介！

運転室にも
お邪魔しました！

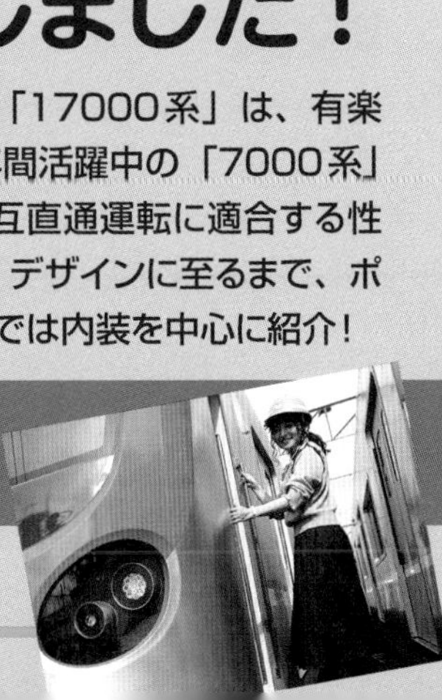

内装

つり革

メインのつり革は、副都心線のラインカラーでもあるブラウン。優先席前は、オレンジ。つり革もスタイリッシュな空間作りに一役買っていることがわかります。

シート・床

腰掛内部に金属バネを組み込むことで、座面に適度な弾力を持たせています。背もたれも背中にフィットして快適。また、座面と床の色を濃いグレーで統一し、開放感を演出。イエローがアクセントになり都会的な印象も受けます。

ドアレール

フリースペース横のドアレールは切り欠きを2カ所に施し、さらに出入口下部の形状をホーム側へ傾斜させることで段差を低減。車椅子やベビーカーが乗降しやすくなっています。

広々と感じるのは工夫された配色と
各所に採用したガラスの効果ですね！

袖仕切、荷棚

シートの両端にある袖仕切。現在ではさまざまなデザイン、素材のものがあります。17000系は貫通扉と同じように全面にわたって透明の強化ガラスを使用。荷棚も揃えることによって開放感アップ。

優先席

背もたれはブルー、座面はメインシートと同様に床と馴染む濃いグレー。向かいには車椅子、ベビーカー等、多様なお客様に配慮されたフリースペースが全車両にあります。車両肩部のピクトグラムが目印にも。

車両によって様々な貫通扉の柄。
見ていて楽しい♪

貫通扉

開口有効幅は800ミリ。大型の耐熱強化ガラスを使用しているため、見た目はもっと広く感じます。アシスト機能が付いているので、扉の開け閉めがラク！シンプルな柄もいいですね。

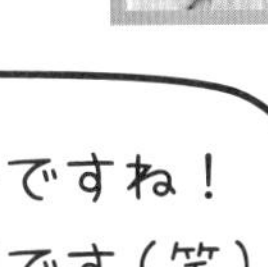

一番上の子（トップナンバー）ですね！
これ、重要です（笑）

運転室

相互直通他社との共通化が求められる

非常運転スイッチ

東武の非常運転スイッチや西武ATS開放スイッチが備わっています。乗り入れ先が多い車両ならではの光景ですね。

運転台

3台のモニターの中で、通常は2台使用、1台はバックアップ用とのこと。ワンマン運転も行うため、運転士さんは安全運転はもちろんのこと、アナウンスなどの仕事もこの周りでこなさなくてはなりません。

このマイクは車内外のアナウンス用ですね

外観

有楽町線のゴールドと副都心線のブラウンが映える車体

ホームドアの高さを考え、中央だけではなく上にも配置されるのが主流になっている帯。17000系も例外ではありません。ピクトグラムも見やすいですね。

識別帯

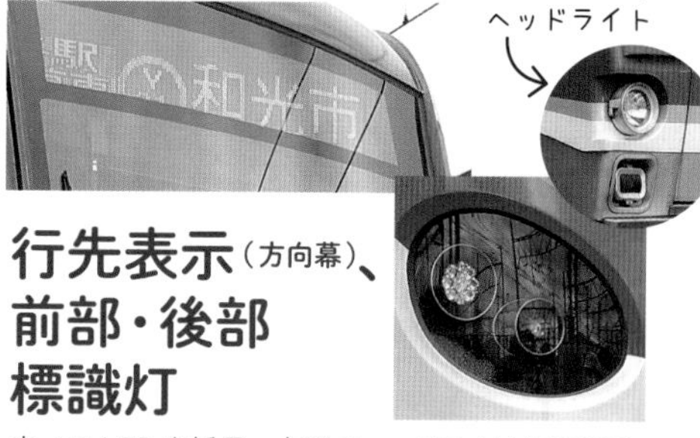

これは7000系のヘッドライト

行先表示（方向幕）、前部・後部標識灯

すべてLEDを採用。丸形のヘッドライトは7000系、10000系を継承していますが、同じ丸でもスタイリッシュになったかな。

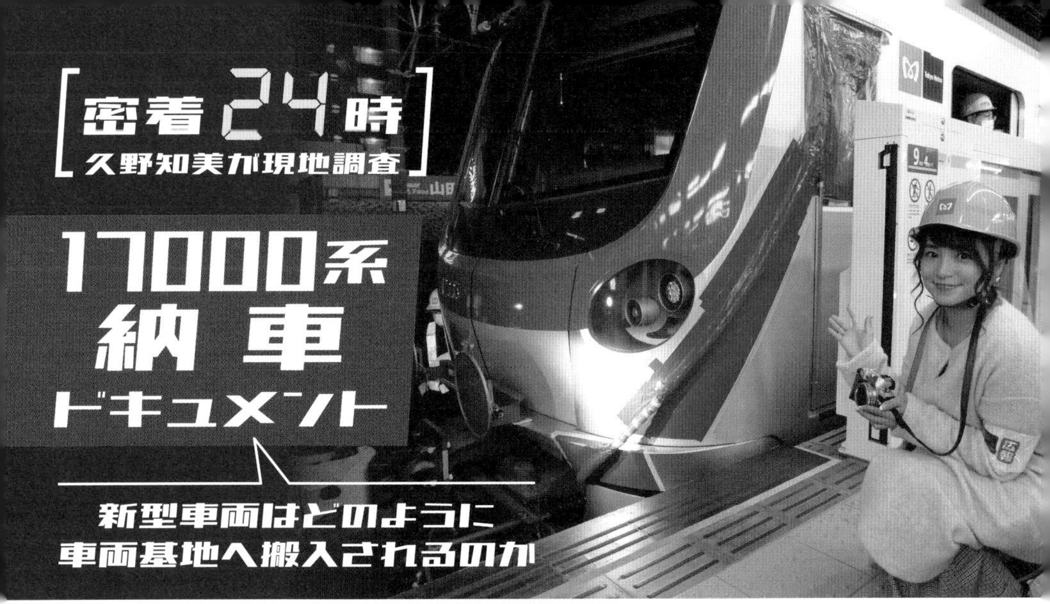

密着24時
久野知美が現地調査

17000系納車ドキュメント

新型車両はどのように車両基地へ搬入されるのか

東京メトロさんのご厚意により有楽町線・副都心線17000系の搬入作業に密着することができました。11月7日終電後に行われた作業は、こちらが想像する以上に慎重に進められました。滅多に見ることができない搬入作業の全貌をご覧あれ！

久野調査員も入念にシミュレーション

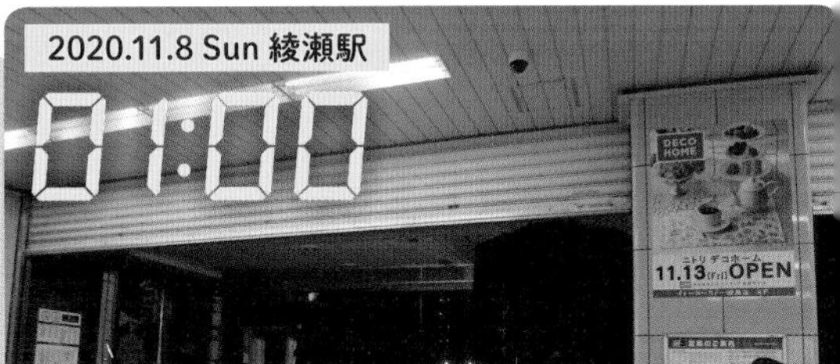
2020.11.8 Sun 綾瀬駅
01:00
DECO HOME
11.13 OPEN

17000系の到着を待つ一同

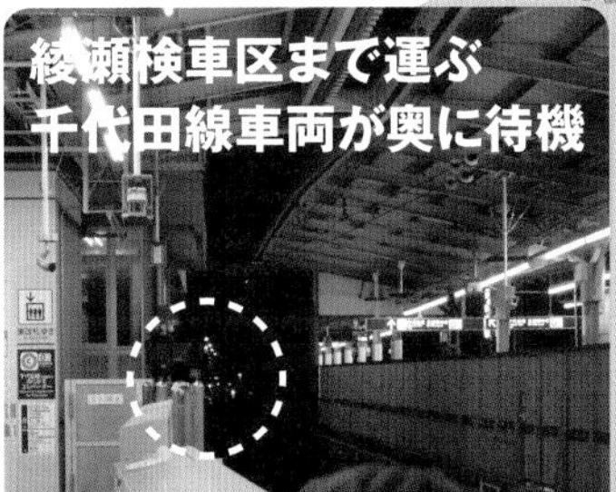

綾瀬検車区まで運ぶ千代田線車両が奥に待機

駅員と作業員以外はいなくなった綾瀬駅構内。少しずつ搬入作業のための準備が始まる。お客様のいないホームは静寂に包まれ、日中では見られない光景が広がる。

終電が到着し、お客様が構内にいなくなったことを確認してから綾瀬駅のシャッターが閉められる。

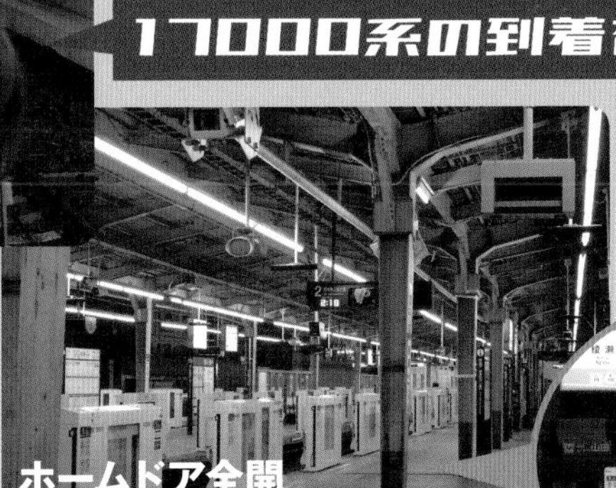

ホームドア全開
緊張感漂う現地……

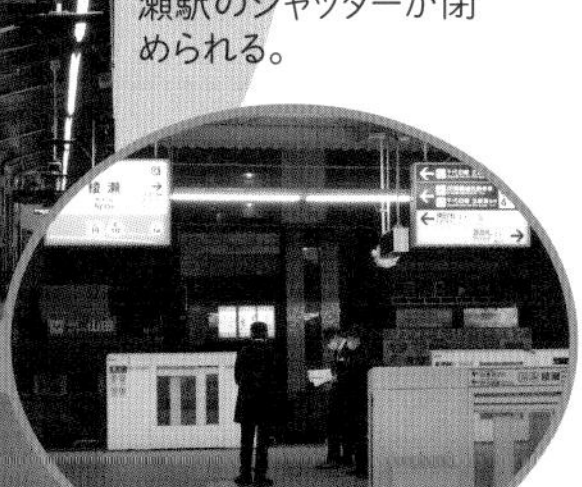

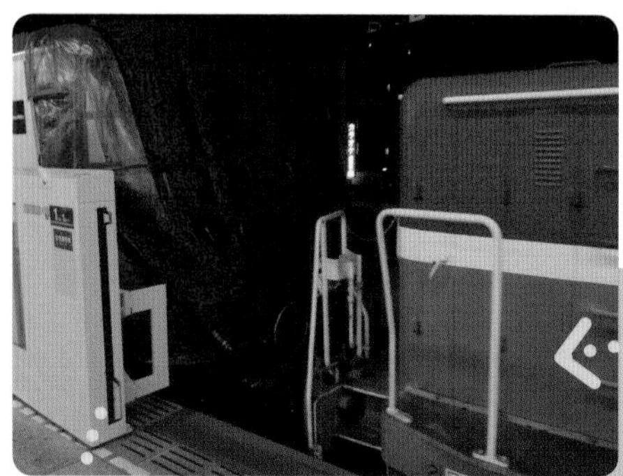

17000 系の先頭はしっかりとフィルムで覆われて、保護されている。

17000 系をけん引してきたDE10 形式。独特のディーゼル音を響かせながら定刻通りに入線!

ディーゼル車にけん引されて 17000系は綾瀬駅へ入線

南田調査員も実は大活躍
電気機関車にけん引された17000系をスクープ

大手柄です!!

静岡県東海道本線安倍川駅付近を行く甲種輸送列車。誘うのはJR貨物の代表的な機関車EF210形。この車両にとってこの区間を通るのはおそらく最初で最後。あいにくの曇天の中、これから地下鉄の任務に着くという、入学式前日の気持ちに似た表情で走っているように思えました。
（南田調査員）

17000系と千代田線車両との連結作業開始

なるほど
なるほど……

2020.11.8 Sun 綾瀬駅→
北綾瀬駅→綾瀬検車区

待機していた千代田線が入線

奥で待機していた16000系が入線。17000系と連結し、北綾瀬駅を経由して綾瀬検車区までけん引する。

運転席の圧力計で検査を入念に行いながら、きちんと16000系と17000系が連結できているかを確認。

車外・車内から固唾をのんで作業を見守る

丁寧に、でも
迅速に進捗
しています！

いよいよ連結の瞬間！！

数センチ単位で近づき、慎重に慎重を重ねて連結する。16000 系を運転する運転士さんをはじめ、現場の緊張感は最高潮に達した！

連結

久野調査員も感動!!

連結された17000系は綾瀬検車区へ

＼当然車内は真っ暗／

(写真左)連結後、綾瀬検車区へ移動。計20両編成のため、ブレーキがかかるとかなり揺れる。(写真右)シーンと静まり返った真夜中の検車区は幻想的な雰囲気。

運転士さん、
大役お疲れ
様でした！！

ついに搬入、連結解除！

2020.11.8 Sun 綾瀬検車区

3:30

16000 系にけん引され綾瀬検車区に到着した 17000 系。沿線にはどこからか情報を聞きつけた鉄道ファンの姿もチラホラ見られた。予定より時間がかかったため、始発電車らの出発を待ってから、ピットへ入線することに。

2020.11.8 Sun 綾瀬検車区

6:00

周囲への注意を図りつつ、検車区員同士が連携しながら搬入作業が再開。17000 系は少しずつピットへ近づく……。

社員と見守る久野調査員

初めて見る搬入作業にこの表情（笑）

ピットインすると、ここでいよいよけん引してきた 16000 系と連結解除。無事に 17000 系の搬入完了!!

連結解除

調査を終えて

新車がどのように検車区へ運ばれるのか。一部始終を初めて目の当たりにして感動しました！　普段何気なく私たちが利用している車両ですけど、新車1編成にしても、こうして多くの方々が携わり、大変な作業をなさっているのだと再認識しました。皆様、お疲れ様でした!!

留置線 秘境探訪

都市伝説的ロマンの解析

「東京の地下」には側線分岐のロマンが潜む！　代々木公園直下、地上はおろか駅からも絶対に見ることができない究極の秘境留置線をじっくりみっちり探索した。長大な区画を余すところなく活用する、メトロ驚異の地下空間に皆さんをご案内！

Contents

閉ざされた鉄扉の向こうには「部外者立入禁止」の警告板と数段の上り階段が続く。看板を横目に、さらにもう１つ２つ扉をまたいでいよいよトンネル区画に繰り出していく！

代々木公園留置線解剖MAP
（イメージ）

1.2km

（至明治神宮前）

B線

A線

❶

❷

❸

順路

機材線

側線8番

7

6

5

4

3

2

1

❶ 引き上げ線=電車が消える?

かつて検車ピット線として線路を1メートルほどかさ上げして空間を設け、車両の床下を点検できるようにしてありました。現在はその必要性がなくなり空間をコンクリートで埋めてありますが、線路の高さがかつての面影を残しています。朝ラッシュ時間帯に設定されている明治神宮前行の電車が代々木上原方に顔を出さないのは、この引き上げ線で折り返して留置線に入庫するため。決して電車が消えてなくなっているわけではない！？

視界に飛び込むロマンチック坑道

湿気を帯びた風の匂い、コンクリ壁、配管、白色灯、眼前にせり出す１本の線路（これが引き上げ線）……。否応なくテンション爆上がりの久野、夢心地で地下探索へ出発進行!

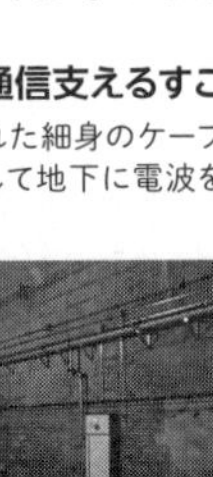

トンネル区画の通信支えるすごいヤツ

壁伝いに長く張られた細身のケーブル。これ自体がアンテナ化して地下に電波を行き届かせている。

線路下の "石棺" に眠るもの

コンクリートの下駄を履かされたかのような独特な佇まいにも歴史あり。線路の下は元々作業場が設けられており、車両床下の機器を点検できるようになっていたが、現在これらの役目は綾瀬検車区に移管されている。

ガジェット宝庫を行ったり来たり

歩き進んでは立ち止まって引き返して…を繰り返す久野。初っ端出迎えたのが「公園止まり」時代の遺構とあってはもう片時も好奇心が途切れない。最奥の留置線はまだまだ先だ。

Ⓐ 朝晩ラッシュの神捌き

朝　明治神宮前 MEIJIJINGUMAE

夜　代々木上原 始発

朝堰き止めて夜放流！

走行中にラッシュピークを過ぎてしまい、供給過多に陥った朝のＡ線増発列車を回収する "ダム湖" の役目を果たしているのが留置線。明治神宮前駅で「堰き止めた」余剰車両を、夕刻には代々木上原駅へ「放流」してＢ線増発に供させる。

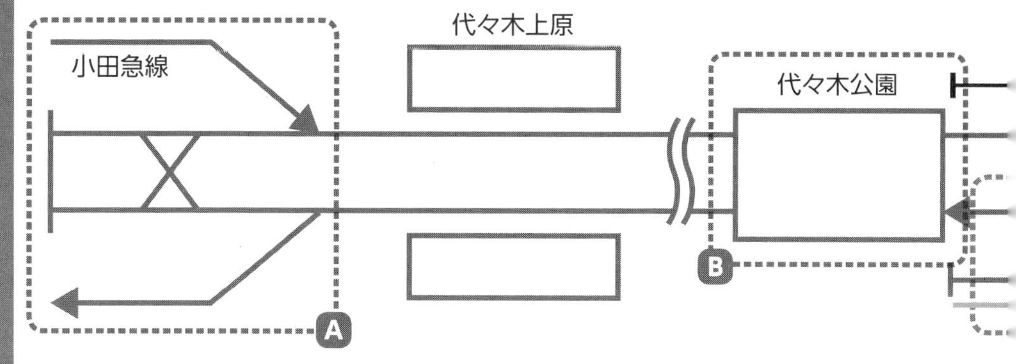

❷ 機材線=寡黙な饒舌家

引き上げ線と留置線の間—旅客車が進入しえないスペース—に漂う特濃の保線作業臭！　保線の営みを伝える圧巻の物量と、そこからムンムン伝わる保線作業員の"活動臭"には崇高さすら覚えるばかり(……なんて言ったら少し大袈裟かもしれないけど)。「東京地下」のロマンチシズムの正体は、働く人の日々の地道な活躍＆技術の粋であるとよーく分かりました。

バラスト、セメント、整然とした"雑多感"
様々な資材や車両が頻繁に搬出入される拠点地ではあるのだが、その佇まいは"整然"そのもの。よく気にかけられて大切に扱われているから、モノに溢れながらも乱雑さを感じさせない空間だ。

立ち並ぶホームロッカー!?
各ロッカー所轄はまちまち。メトロ本社にグループ会社も!

ツルッツルのコンクリ平野?
よく見ると、全くの平面ではなく保線車両を留置するためのレールが伸びていると分かる。この日は車両が不在だったが、その分設備と道具に肉薄できた。

土被る重袋の山
軌道工事用のセメント粉体。どこでどう使うんだろう……。

鉄壁のストッパー、車輪止め!
機材線から万が一保守用車が転動しても本線や側線に侵入して電車の運転を支障しないための車輪止め!?　現在、東京メトロ各路線の本線路、側線に車輪止めは設置していない（規程上、必ず設けなければいけない設備ではないため）。運転士は、その見た目から「ネコ」と呼んだりしているとのこと。

❸ 留置線=列車の仮眠場

とうとうたどり着いた、今回の探索のいわばラストダンジョンがここ留置線。側線全8本、結構な規模でしょう？　停まっているのは朝ラッシュ帯を過ぎたあとの余剰車両たち（平日某日午前中に訪問）。列車はここでしばし眠りにつき、夜ラッシュ帯には営業線に復帰して始発駅の代々木上原まで回送される。"最深部"に相応しい、袋小路の種々ギミックをご紹介！

車両を確実に留置するために、留置線は突き当りの壁（写真手前側）に向かってかすかに下り坂になっている。坂下には手歯止めを挟み（写真下）、間違っても留置車両が営業線に逸走しないよう設計されている。

二重手歯止めでホールド×ストップ！

両輪の各先端に、タテヨコ2本の手歯止めをグイグイ押し込み手動でがっつりと固定する。手前から押し付けるノッポが縦の手歯止め、ドアストッパーの要領（見た目もそっくり！）で脇から車輪に食い込ませるのが横の手歯止めだ。使用時は必ず「手歯止使用中」の札を見える所に掛けておこう！

メトロの地下に赤い目玉の一つ目小僧

メトロの地下に赤い目玉の一つ目小僧が立っていた。これは東京メトロの本線では車内信号装置（CS–ATC）を使用しているが、側線では車内信号機を消灯して、線路脇に設置された信号機（WS—ATC）の現示に従い運転するため。

※信号は「表示」ではなく「現示」と称するが、これは日本の鉄道事業者共通。CSはキャブシグナル、WSはウエイサイドの略。養成研修では実際に「赤い目玉の一つ目小僧の先には魔物がいる」と教わった運転士もいるという。

手歯止め木箱は年代物、いぶし銀の包容力

フチの凹凸に手歯止めを架け渡すのが本来の収納法。後世登場したノッポは設計想定外だが立て掛ければ◎。

深部、到達！

休憩中の千代田線16000系たちと。首都直下の観測不能側線、無事踏破！

B 線路 on the 線路?

↙逸走防止┆駅ホーム↘。坂と坂の境界、"峠"の勾配標。営業線と留置線の分岐点付近に設置されていた。

代々木公園駅高低差のトリック

代々木公園駅のホームから改札階まで数十段の階段を昇り、改札階からさらに階段を昇って引き上げ線に入って通路を歩いていると、壁一つ隔ててお客様を乗せた千代田線が轟音を響かせて疾走している。本線との合流地点まで歩いてくると「あれ？　本線と引き上げ線の高低差がない！」。これは、ホームから合流地点まで約350メートル、その間に本線では35パーミルの上り勾配を中心としてその前後に8パーミルの上り勾配があるため。（単純計算しても約7.3メートルの高低差がある!!）

東京メトロ銀座線 渋谷駅

留置線探訪!!

「新ホーム移設で役割も様変わり!? 謎の留置線へ……潜入しました！」

2020年1月3日に新ホームへと移設された銀座線・渋谷駅。その先にひっそりと存在する「留置線」に今回、特別にお邪魔させて頂きました！ふだんは絶対に入ることができない「秘密の場所」だけに、鉄道ファン必見の㊙情報も満載!?

新ホーム移設後はホームでの折り返し運転が原則だが、稀に車両がそのまま直進して旧ホーム、その先の暗闇に消えていく……そこが、留置線だ!

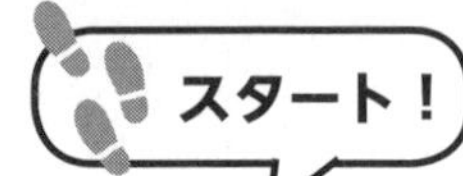

見えるけど行けない……留置線の実態とは!?

渋谷駅新ホームから旧ホーム越しに見えるその先……。まるで「秘密の洞窟」へと入っていくような暗闇の先に、ふだんはお目にかかれない留置線がある！いったい、どんな場所なのか……ドキドキが止まりません（笑）。

秘密の扉を開けた、その先に現れたのは!?

留置線への行き方は、門外不出。職員さんの後をついて渋谷駅を歩くこと数分……。目の前に現れた「秘密の扉」を開けたその先には、留置線に停車している銀座線の車両が！これだけでも、鉄道ファン必見のお宝ショット！

新ホーム移設後は、使用頻度も激減!?

旧ホーム時代は留置線に一度入ってから行われていた乗務員の交代が、新ホーム移設後はホームで行われるようになったため、現在は留置線に車両が停車する頻度は激減。取材時は３編成ほど停車していたが、職員さんいわく「この時間帯だけです」とのこと……これも、レアな経験!?

東京メトロ銀座線渋谷駅　ビフォー・アフター

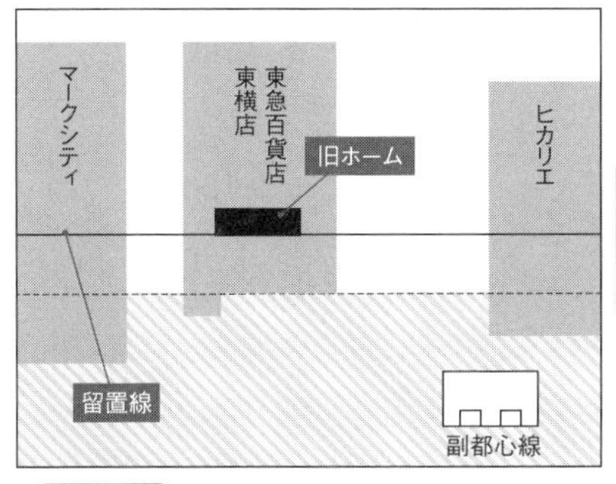

Before （2020 年 1 月 2 日まで）　**After** （2020 年 1 月 3 日以降）

新ホームは旧ホームより東側に移動。以前は段差が多く、バリアフリー化もされていなかったが、新ホーム移設でその問題も解決した。

銀座線のエアコンはレアな“埋め込み式”！

新ホーム移設で使用機会が減った留置線だが、今でも行われているのが車両に設置されたエアコンの整備と清掃。取材時は運良く、作業の真っ最中だったので特別に見学させてもらえることに！　実は銀座線のエアコンは、高さの出ない「埋め込み式」を採用。東京メトロで同じく埋め込み式エアコンを採用しているのは、ほかに丸ノ内線だけ（両路線とも、第三軌条（サードレール）で電気を得る集電方式を採用しており、トンネル断面が小さいため）。車両を上から見られただけでなく、貴重なシーンを拝むこともできました！

もう二度と使われない!? 貴重な洗車機を発見!

旧ホーム時代、ひとっ風呂浴びてピカピカになった車両がホームにかえってくる光景を何度目にしたか……!新ホーム移設後は留置線内に設置された洗車機を使う機会はほとんどなくなってしまい、最後に使用したのは「2019年の年末」とのこと。「洗車機さん、お疲れ様です!」と、その労をねぎらわずにはいられませんでした……。

まさにザ・渋谷! 都会に現れた不思議な光景

渋谷駅の留置線は、マークシティの中にある。改めて見ると、ちょっと不思議な光景です。留置線内から新ホームに向かって少し歩くと、頭上にはマークシティ、眼下には渋谷の街並みが……。こんな光景、渋谷駅でしか見られない!!

Other Cut

ちょっと気になったのが、信号の位置がものすごく低い! 職員さんに伺うと「おそらく、ライトや太陽の角度を考えてこの位置になったのでは……」とのこと。ただし、はっきりした理由は分からないそうです……。

取材中、職員さんが何度も「サードレールには気をつけてください」とおっしゃっていましたが、それもそのはず。サードレールには600Vもの電気が流れていて、触れたら最後……。もちろん、細心の注意を払って見学させてもらいました!

留置線内だけでなく、東京メトロの線路脇には非常時の連絡に使う電話機が点在。もちろん、使わないに越したことはないです!

今回も楽しく、夢中で見学させて頂きました!東京メトロのみなさん、ありがとうございます!

どんな人が働いている？ 日々の仕事は？

東京メトロの疑問・秘密を徹底調査

東京メトロのアレコレを←語りつくす!!→

あらゆる年代の社員がさまざまな分野、仕事で力を発揮し、日々の安全運行を実現している東京メトロ。なかでも地下鉄の未来を担い、東京メトロの将来を背負っていくのが若手社員たちだ。今回は５人の若手社員に集合してもらい、座談会を開催。意外な（?）本音と決意を聞いた。

未来を支える
若手社員に聞こう！
8
東京メトロの将来を担う各部署の若手社員の皆さんにお集まりいただき、地下鉄博物館にて仕事の魅力などを伺いました！終始和やかなムードの中、お陰様で大研究読本シリーズらしい、普段私たちがなかなか見ることのできない、社員の皆さんの“人となり”がよくわかる座談会になりました。ぜひ東京メトロを身近に感じていただけたらうれしいです！

各路線に漂う独特な雰囲気

久野　今回は若手のみなさんに東京メトロさんについて語っていただく企画なんですが、フレッシュなみなさんのありのままを語ってほしいなと思っていまして、事前に質問事項をお送りしています。「好きなタレント」という項目なんかもご用意していますので、ありのままの姿をお伝えできたらと思っています。
　軽部さんは石原さとみさん、という回答ですが、やはりメトロのCMに出ていらっしゃるからですよね？

軽部　もともと好きだったんです。

久野　だからメトロに入られたとか？

軽部　いや、そういうわけではないです（笑）。

久野　もともと好きなタレントさんが、自社の広告に出られた。嬉しいですね！　軽部さんは運転士さんということですが……！

軽部　いつかCMでさとみちゃんを乗せて運転できたらいいんですけど。

久野　メトロのCMの真似っこしたりするんですか？　ファインドマイトーキョーとか。

軽部　しますね。

久野　するんだ！　どこに行かれました？

軽部　門前仲町に深川飯を食べに行きました。

久野　さとみちゃんになりきった気分はいかがでしたか？

軽部　値段がちょっと高かったですね。

久野　そこ（笑）！　話は変わって軽部さんは丸ノ内線の運転士さんをされていますが、やはり一番思い入れのある路線は丸ノ内線？

軽部　基本的にはそうですね。

久野　きっと路線の個性ってあるんですよね。みなさんも各路線のイメージはお持ちですか？

戸塚　南北線はお洒落なイメージがありますね。

久野　おしゃれ！　戸塚さんは千代田線電機区に所属されています。縁の下の力持ちとして活躍される戸塚さんが言うととっても説得力があります。他にもイメージがあったら教えて下さい。

戸塚　ミーハーなのは銀座線ですかね。渋谷から上野、浅草と東京を代表する街をつないでいるので。

久野　歴史もありますし、やはり知名度が高いこともありますね。路線名に地名がついていると、風格を感じますよね？　東西、南北ではなく、地名がどーん！って。ちなみに、軽部さんが所属する丸ノ内線はどんなイメージをお持ちですか？

軽部　池袋、新宿、そして丸の内など都心の華やかさがありますし、新宿から下りは昼間は特に年配のお客様が多くなってのんびりした雰囲気があって好きです。

久野　方南町支線なんて特に庶民的でいいですよね。方南町支線も運転されるんですか？

軽部　基本は3両編成なんですけれど、

PROFILE

軽部 晴日（かるべ はるひ）さん

①【運転部】丸ノ内線乗務管区（小石川運転）
②2016年
③初心忘れるべからず
④東京駅
⑤江ノ島線
⑥石原さとみ
⑦旅行・カフェ巡り・楽器

①所属　②入社年度　③座右の銘　④好きな駅　⑤好きな路線　⑥好きな芸能人　⑦趣味・特技

6両編成で方南町まで行くダイヤがあるので、それは運転します。

久野　中野坂上からクネクネした一本線路を通るのはワクワクしませんか？

軽部　最初に6両編成が乗り入れた時は楽しかったですね。

久野　地下鉄だけど外を走る区間も多くて運転していて楽しそう！

メトロ以外の車両に乗ると気分があがる!?

久野　続いて、車掌の古川さんは5年目で……あれ35歳なんですね!?

古川　前はメトロコマースというグッズなどを作るグループ会社にいまして、そこからメトロ本体に転職しました。

久野　好きな路線はやはりご担当されている有楽町線。車掌さんになる前は、駅構内のお店でグッズなどを手掛けてらしたんですか？

古川　メトロコマースでも物販の担当と、駅で仕事をする人とか、それぞれいます。僕はメトロが業務委託する駅務をしていたんです。駅で働く人にも、メトロとメトロコマースのそれぞれに所属する駅員がいるんです。

久野　駅務時代にはホームアナウンスもされていたんですか？

古川　駅でアナウンスすることもありましたが、私の声は通りづらいので、聞き取りやすいように努力をしています。

久野　低くてハスキーで、素敵ですが……！　たとえばどんな工夫をされているんですか？　興味があります。

古川　ちょっと気持ちを入れて、ゆっくり話すくらいですかね。少し優しい口調で、ゆっくり話すだけで聞き取りやすくなるんです。

久野　軽部さんはワンマンの運転士さんですからアナウンスも担当されることがあるんですよね。

軽部　やはり聞き取りやすくアナウンスするのは難しいです。正直苦手です（笑）。

久野　本物の方がこうやって難しいとおっしゃるのに、妄想トレインの収録などでは、私もそうですし、（中川家の）礼二さんも、徳永ゆうきさんもガンガンやりたがるのはなぜなんでしょうね!?（笑）。やはり憧れがあるんですよね。古川さんもやはり憧れて？

古川　それもありますね。自分のキャリアアップのために受けようかなと思って。

久野　最初から有楽町線をご希望されたんですか？

古川　たまたま配属が新木場だったんです。でも、グループ会社の時は有楽町線の小竹向原駅で働いていたのでその頃から含めると13年ぐらいずっと縁があるので愛着がわきますよね。

久野　違う路線に乗りたいというお気持ちは？

古川　あまりないですね。私が担当する有楽町線は、他社線の新しい車両も乗り入れたりするので、いつも楽しみなんです。

久野　やはりメトロ以外の車両に乗ると

PROFILE

古川 勝也（ふるかわ かつや）さん

①【運転部】有楽町・副都心線乗務管区（新木場車掌）
②2016年
③初心を忘るべからず
④新木場駅
⑤有楽町線
⑥千鳥
⑦バイク・ビリヤード・料理

気分は変わりますか？

古川　Sトレインに乗務していると、なんか気分がよくなったりします（笑）。

久野　ホームでは、通過時に「まもなくSトレインが通過します」って自動アナウンスが入りますものね！　相互直通運転による利便性に加えて、ものすごく特別な列車という東京メトロさんのプライドを感じます。

古川　通過する時、ちょっとキリッとした顔をしたりして。みんなが見ているからちゃんとしないとなって。

お客様に「ありがとう」と言われる喜び

久野　中原さんは6年目で、有楽町駅の駅員さんをされているんですよね。

中原　大手町駅務管区という職場がありまして、いろんな駅が一緒になって管区という単位になるんですが、大手町駅務管区は、大手町地域、有楽町地域、あと新木場地域を管理しています。

久野　座右の銘が一石二鳥ってすごく斬新だなと思ったのですが、理由を伺ってもいいですか？

中原　いや、何も思いつかなくて……。自分の性格的に、何かをやったら、その一石二鳥の通り「これも付いてきた、ラッキー！」みたいな、そういう感じで生きているので――。

久野　あっ、コスパが良いのが好きなんですね。私も関西人なので、リーズナブルなものとリバーシブルが大好きです。えっ、裏も着れるのみたいな――（笑）。

中原　そうです。遠くに出向いた時に、観光地にプラスしてキャラクターとかも見られたら「ラッキー！」みたいな感じですね。

久野　休日はどう過ごされているんですか？

中原　趣味があまりなくて、YouTubeとかをすごく見ているんですけれど、大食いとかを見たりするのが好きです。なんか無心で見れるんですよね。何も考えずに（笑）。

久野　食べ歩くのは好き？

中原　そうです、おいしい物が好きです。食事がストレス発散になっているのかもしれません。

久野　有楽町線の一石二鳥なところは？

中原　えぇー！　うーん、池袋とかかな。いろんな路線が通っているし、水族館もおいしい餃子もいっぱいあるので。

久野　大きな駅で働きたいという気持ちもお持ちなんですか？

中原　自分の担当地域には桜田門駅があってもう乗降人数が有楽町線で下から数えた方が早いくらいですから、お客様が少なくてちょっと寂しいですね。

久野　ご案内できる喜びが少ない？

中原　そうですね。困っている方をご案内して「ありがとうございます」って、言われるとやはり嬉しいです。自分は仕事の一環だけど、お客様に感謝をされるような接客だったのかなって思って嬉しくなります。

久野　駅務で常に心掛けていることはありますか？

中原　地声が低いので、ちょっと声のトーンを高くして接客した方がいいってアドバイスを受けてからはそうしています。

〝利用者が見える〟のが魅力

久野　米原さんは大学院卒の４年目。

米原　今は現場ではなくて本社で、工事の調整とか、他部調整とか、そういうところを担当しています。近々で言いますと、去年オープンした銀座線の渋谷駅とかはちょっとだけ担当させていただきました。軌道をどう振るかとか、６日間止める時の工程をどうするのかとかそういう調整をしました。

久野　銀座線の渋谷駅移設に伴う線路切替・ホーム移設工事を担当されていたってことですね。すごい！

米原　まあ、まだまだ下っ端なんですけどね。本社の軌道課には４つの班があります。まずは異常がないかチェックをする検査班、直さないといけない箇所は工事班、資材を購入する材料班、次世代の技術研究班——この４つです。

久野　学校では技術系の勉強をなさっていたんですか？

米原　土木の勉強をしていました。都市計画をやってはいましたが、配属が軌道になりました。大学で軌道の研究をしているようなところはほぼないので、うちの部署はみんな素人からスタートします。

久野　就職先にメトロさんを選ばれた理由は？

米原　インフラ系に興味があったんですがやはり利用者が見えるのがいいなって思いました。建築会社では建築物を作っ

たら終わりだと思うんですね。でも、メトロは作ったあともちゃんと運用していく。そこに魅力を感じました。

久野　お仕事の大変なところは？

米原　皆さんを完璧に運行できて当たり前だと思われているところでしょうか。縁の下の力持ちみたいなところはあります。

久野　私はいつも支えてくださるみなさんに感謝しながらメトロさんに乗っていますよ。どういう時にやりがいを感じますか？

米原　渋谷駅がキレイに使いやすくなったとか、やはり嬉しいですね。あとは、当たり前ですが〝安全〟ですね。何も事故がないのが一番嬉しいです。

久野　自分の手掛けたところを写真に撮って見直したりとか？　外科手術をした先生が手術後をコレクションする、みたいなのは聞いたことがあります（笑）。

米原　そういう趣味はないです（笑）。空気みたいになにも感じないで乗っていただけることが一番幸せなんだって思います。

「いつもより良くできた」がないのがいい

久野　戸塚さんは10年目。高校を卒業されてからずっとメトロにお勤めで。座右の銘が七転び八起きですね。よく転ばれるんですか？

戸塚　いや、そういうわけではなくて（笑）。失敗しても続けていれば最終的には成功できると——野球をやっていた時がそうだったので、それでそんな感じです。

久野　メトロさんの仕事も、野球も転ばない方がいいですね。

戸塚　まあ、そこはそうですね（笑）。転ばぬ先の杖の方が大事です。でも、基本的に脳みそがシンプルな構造なんで、あまり先のことは考えられないかも。

久野　日々苦悩とか、挫折とかあるんですか？

戸塚　ないですね。挫折とかは感じたことがないかもしれないです。上に怒られてへこんでも、次にまた現場があるので、そんなずっとへこんでいたら仕事にならないので。

久野　すぐに気持ちを切り替えることができるって素敵ですね。

戸塚　あ、嬉しかったことはずっと引きずるかも。

久野　それも素敵（笑）。最近、仕事で良いことありましたか？

戸塚　最近ですか……。何だろう。結論として、普段の仕事を当たり前にこなすのが技術系の仕事なので、「いつもより良くできた」がないのがいいのかなって思います。

久野　年度末に振り返った時に、今年何もなかったなが一番いい！　なるほど！あと、電気ではなく電機なんですね。

戸塚　それこそ照明などの電気設備から、電車線設備は、剛体電車線、カテナリ電車線、サードレール。機械設備だったら空調、ホームドア、排煙機などほぼほぼ見ています。

久野　すごく多いですね。そして全然仕組みが違うじゃないですか！

戸塚　全然違いますね。朝出勤をしたら、じゃあ今日はどこどこで何の点検って。自分が今いるのは千代田線なので、カテナリと剛体しかないんですけれど――カテナリは地上区間です。自分は最初は有楽町線で、その次が丸ノ内線を2年半やって、今は千代田線に4年半いるので、電車線は全部経験したはしたので、電車線が一番得意かもしれません。もともと体を動かすのが好きだったので、電車線だったら梯子に上って下りてとか、上でなんかやってとかって感じで、単純にそれが楽しくて。

久野　架線作業って何に乗って上がるんですか？

戸塚　基本的には、作業台が付いた保守用車です。夜間に電気が止まっていても燃料を使用するため走行できます。

久野　電車が走ってない夜間に走るのはどんな気分ですか？　誰もいないじゃないですか。やっぱり楽しいものですか？

米原　逆に怖いんじゃないですか？　夜は工事関係者がどこかにいるから。

戸塚　そうですね。工務区がレールの検査をやったりバラストの突き固めをやったりするので、ちゃんと減速をしないといけなかったりしますから。

久野　ブレーキランプを5回点滅したら「元気出せよ」とか、そういうサインはないんですか？

戸塚　ないです（笑）。

“見られてる”のは気づいています！

久野　忘れられない瞬間や、頑張れるモチベーションってありますか？

軽部　丸ノ内線の地上区間に陸橋があるんですけれど、そこに親子連れとか保育園の子とか大勢いるんです。

戸塚　ああ、あそこすごいですね。自分もたまに昼間とかトンネル内を歩いて電車線の点検をするんですけれど、そうするとすごいです。茗荷谷をちょっと出たぐらいの場所ですよね？

軽部　そうです、そうです。手を振ってくれるので嬉しいですよね。

中原　私はやっぱり、お客様にありがとうと言われたときかな。なぜか私はよく声をかけられるんです。

久野　話しかけやすいとかあるんですかね!?

中原　1年目の最初の研修の時とか、指導員が付いていたんですけれど、だいたいみなさん私に話しかけてくるんです。

久野　それも才能！　運転席の後ろに立っている人って気になりますか？　見ていないよ、みたいな振りをして見ているんですけれどバレていますよね（笑）。

軽部　あっ、バレてますね（笑）。

久野　車掌さんはどうですか？

古川　気にしてないよというふりをしながら、運行表を見たりします。お子様には、電車カードっていうのを常に持っているので「よかったらどうぞ」って。

久野　技術系のみなさんは、どういう時に私たちみたいなオタから目線を感じるかしら。

戸塚　自分はホームドアの搬入ですね。新しいドアを列車で運ぶんですが、どこから情報を手に入れているのかわからないけど、ホームで写真をパシャパシャ

PROFILE

よねはら よしひで
米原 善秀さん

①【工務部】軌道課
②2017年
③成功するところまで続ければ、それは成功になる。
④銀座線・渋谷駅
⑤銀座線
⑥国仲涼子
⑦バスケットボール

と。公開していないはずなのでどこからその情報を手に入れるのか不思議で。

久野　すごい情熱。でも、逆にいなかったらガックリきませんか？

戸塚　あっ、いないんだって（笑）。

米原　渋谷の工事の時は人がたくさんいましたね。僕も一般人だったら興味を持ってじーっと見てるんだろうなって思いました。

少しずつ自信をつけて中堅へ

久野　メトロ社員さん独特のあるあるってありますか？

中原　私はずっと地下にいて、天気予報を見ないことも多いので、お客様の服装を見て暑そうなんだとか、傘を持っているお客様がいたら、雨が降っているんだとかを判断します。

軽部　そうですね。運転中は指令所からの連絡で気がついたり、地上区間に出てこんなに天気が悪かったのかと気がつきます。

米原　変則的な勤務がつらかったですね。技術系は夜間作業前に寝るんです。

戸塚　今まではその時間に寝ていないので眠くならないんですよ。夜間作業中が今まで寝ていた時間なので、最初の頃はそれが一番つらかったです。

古川　24時間くらい地下にいるので明け番で帰った時に初めて日光が眩しいってなります。

戸塚　夜間作業から帰ってきて、よしやっと眠れるって思ったら、もう朝だっていうのはありますね。

久野　そんなみなさんも、もうすぐ中堅と呼ばれる年次になります。

戸塚　後輩が増えて現場の判断をするのが自分になるので、もっともっと知識と技能と自信をつけないといけないなって思います。

中原　私は指導員として、新入社員が現場に配属されて1カ月半ずっと付きっ切りで教えたんですね。メトロは師匠と弟子と呼ぶんですが、6年目で弟子が3人できたので——その弟子が独り立ちすると、ああ良かったなって思います。若い人が成長するのも嬉しいし、頼ってもらうのも嬉しいです。

古川　トラブルが起きた時に迅速に対応できるようになりました。今こういうトラブルが起きているので、こう対応しますっていうのを時系列でお客様にわかりやすくできるようになりました。

軽部　指令所とのやり取りや、お客様への放送などの対応を全部一人でやって乗務することは少しずつ慣れてきました。

米原　私は故障が起きた時に、考えられる理由が3つぐらい、あそこはカーブがキツイから、あそこはポンプ室が近いからとかが頭に浮かぶようになりました。それは自信になりますね。自信がつくことでもっといい仕事ができるんじゃないかって思うんです。

久野　これからの未来はみなさんの肩にかかっているんですね。今日はありがとうございました！

PROFILE

戸塚義人（とづかよしと）さん

①【電気部】千代田線電機区
②2011年
③七転び八起き
④池袋駅
⑤千代田線
⑥石原さとみ
⑦野球

検車区で何をしているの？ 働く人の声を届けます

検車区訪問時(P.10～)に、そこで働く社員さんにインタビュー。日々の運行を支える重要な役割を担うみなさんの思いを聞きました。

みなさんに聞きました Question

① お仕事内容は？
② 仕事で心がけていることは？
③ この仕事をしてよかったと思うとき
④ 職場でのチームワークの高め方は？

〔編集部お断り〕スペースの関係上一部内容を編集しております。

上野検車区　銀座線

Answer

入社8年目
金井友宏さん
統括車両係

①90日周期で行う月検査と、10日周期の列車検査を担当します。突発的な故障はほとんどありませんが、営業線を走っている車両にな何かがあったとき、早期に対応できるよう宿泊勤務をすることも。救急隊のようなものです。前職では自動車修理をやっていたのですが、電車に乗ると酔ってしまう体質だったんです。今の仕事に就くなんて夢にも思いませんでした。

②お客様の安全を守ることだけでなく、仲間や自分の安全を守ることも大事です。

③故障の原因を特定し、その車両が元気に走っているのを見ること。我が子を見ているような気持ちになります。

④コミュニケーションを積極的に取り、情報を共有しています。漫画の貸し借りをして盛り上がることもあります。

Answer

入社5年目
唐津翔流さん
二級車両係

①90日周期で行う月検査では、電気を切って、機械の中を全部見て、ボルトの締付状態の点検も行います。電車の人間ドックですね。最初に月検査で車両の機能を学び、そこから列車検査を担当するようになります。列車検査は通電したまま行うので、例えば「コンプレッサーの音がちょっとおかしい」といった異常は経験がないとわからないからです。

②ひとつのミスが大事故につながるという意識を持って慎重に検査を行っています。

③修理した車両がお客様を乗せて走っているのを見るとグッときます。

④休み時間は話題のドラマや、趣味であるバイクの話をしたり、後輩と一緒に食事をしています。先輩たちもそうやってコミュニケーションを図ってくれました。

中野検車区　丸ノ内線

Answer

入社7年目
増井優さん
二級車両係

①車両の検査や検車区構内の運転が主な仕事です。

②車両基地の中といえども、注意する箇所はたくさんあります。初心を忘れずに緊張感を持って作業をしています。

③自分が点検した電車が普通に走っているところです。電車を運転したい夢もあったので、それが叶ってよかったです。本線も運転してみたいですが、運転できることに満足しています。

④車両の入れ替えはペアで作業します。動くたびに無線機でやり取りをするのですが、うっかりすると事故につながるので、そうならないように、しっかりサポートしながらやるようにしています。

上野検車区　銀座線

Answer

入社14年目
長谷川裕敏さん
統括車両係

①車両の点検が主な仕事です。ブエノスアイレスから戻ってきた丸ノ内線500形の修復にも携わりました。外装も落書きだらけで手入れが行き届いていない状態で戻ってきたので、約1年半がかりで修復しました。最終的な目標は営業線で走らせることです。

②後検査（点検が終わった後の検査）では、第三者的な目線で見るようにしています。見落としがあったら大変なので。

③地元の同窓会などで「東京に行ったときに乗ったよ」と言われると嬉しいですね。

④同じメンバーで1日を過ごすことが多く、一緒にいる時間が長くなるので、仕事の話ばかりにならないようにしています。「ドラマ何見た？」とか、そういうことも大事かなと思います。

中野検車区小石川分室　丸ノ内線

Answer

入社7年目
猿橋篤さん
二級車両係

①列検と出庫点検をしています。安全･安心に電車を使っていただけるよう、車両に不具合があったらチェックし、運行に支障が出ないようにする役割です。

②人の命を預かる仕事。手を抜いたら大惨事になってしまうため、緊張感を持ってやっています。

③仕事で工具を扱うので、家でDIYができるようになったのが嬉しいですね。自分で二重サッシを取り付けられるようになったり、技術力があがったのかなと。奥さんも喜んでくれています。

④人に失礼がないように心がけながら、素の自分を出してどんどん仲良くなっている感じですね。ここで色々学ばせていただいて、将来的には車両部以外のことにもチャレンジしてみたいなと思っています。

Answer

入社7年目
蔭山和哉さん
二級車両係

①列検、構内限定で運転もしています。車両の工事を行う小石川CRが同じ場所にあるので、4階から入場した車両をクレーンで1階に降ろしている作業はレアだと思います。

②小石川は沿線・本線がすごく近いので、常にお客様の目線を感じながら、安全・安心な車両を提供するよう心がけています。

③実際に自分が検査した車両が、多くのお客様を乗せて平和に走っている姿を見ると、やりがいを感じます。

④24時間一緒にいるので、同じ場所でご飯を食べたり、一緒に過ごすことで自然とコミュニケーションが生まれています。

千住検車区

Answer

入社8年目

石原尚輝さん

二級車両係

①車両の点検整備や構内の入換運転などを担当しています

②故障調査は、早さよりも正確な作業で原因を特定することを意識しています。

③家族で散歩しているときに13000系を見かけて「ばいばい!!」と電車に向かって手を振っている息子を見ると、なんだか誇らしい気持ちになります。余談ですが息子が一番好きな電車は新幹線です(笑)。

④昔からギターをやっているのですが、車両部でバンドを組んでいます。メンバーの仕事の休みが重なる日に、集まって練習をしています。音楽の方向性の違いで解散することはないですね。

Answer

入社5年目

稲生昌也さん

二級車両係

①主に車両の検査を担当しています。

②今の仕事に就く前は医療機器のメンテナンスをしていました。昔は電車が遅延すると嫌だなと思うこともありましたが、今は大丈夫かなと心配になります。大事なのは人々の生活に影響が出ないこと。「何事もなく1日が終わりますように」と思いながら丁寧に作業しています。朝のニュースで「東京メトロは平常通り」と見るとすごく嬉しい気持ちになります。

③バイクが好きで、乗っている時と同じくらい整備している時間楽しいのですが、電車も検査がうまくいったときは大きな達成感を感じます。

④昔からスポーツが好きで、検車区内のテニスのサークルに入っています。車両部だけでなく、駅や運転士などのみなさんと交流することもあります。

千住検車区竹ノ塚分室

Answer

入社9年目

菅原涼さん

一級車両係

①車両の検査や運転業務をやります。工業高校から「機械をいじるのがいいな」と思って車両部に入りました。今は壊れたものを直して、しっかり走っている姿を見ると安心します。

③故障があって、その電車を直すために営業線に行くときがあります。そのときお客さんに「ここに行きたいんだけれど、どう行けばいいのかな?」って聞かれて答えると「ありがとうございます」ってお礼を言われたときは嬉しいなと感じますね。

④昼休みにスポーツをやるとか、ご飯を食べに行くとか、一緒にみんなでやることでチームワークが作れているのかなって思います。会社の行事で野球大会があるので、千住検車区としてチームを組んで出ています。

Answer

入社10年目

松田竜之介さん

一級車両係

①運転や車輪転削などを行います。車輪転削は誰でもできる作業ではないので、誇りに感じています。昔は北千住駅で駅員のアルバイトもやっていました。

②自分で触った車には当然壊れてほしくありませんし、壊れさせない思いでやっています。

③直すのが難航していた故障車が直ったときの達成感はすごいありますよね。朝、帰宅時間に竹ノ塚から自分が対応した車に乗ることがあると「これは俺が修理した車両だな」って嬉しい気持ちになります。

④普段からよく会話をしています。当然ギクシャクしていたら仕事をまともにできるわけがないので、何気ないたわいのない話をよくしています。

深川検車区

Answer

入社6年目

一宮大樹さん

二級車両係

①日勤は月検査および修繕作業、泊まり勤務の際は出入庫や構内の入換作業などの運転業務をしています。運転免許は入社2年目に取得しました。あとは、出庫検査なども行います。

②利用されるお客様のことを考えて、日々、安全・安心に電車を運行させることを第一に考えています。

④会社の先輩方とお酒を飲むのが最高に楽しいです。飲み会で親交を深めることで、仕事でのチームワークも高まっているように感じます。あとはバイクが趣味なので、休日は月2回くらいのペースでツーリングにも行っています。

Answer

入社13年目

廣瀬軒太郎さん

統括車両係

①日勤では車両の月検査、あとは修繕作業といって、営業線を走る車両に故障があった場合の対応をしています。全泊勤務もあって、その際は東陽町駅までの出入庫や構内入換などの運転業務がメインです。

②お客様に安全・安心にご乗車いただくことがモットー。当たり前のことですが、安全な車両を日々提供しなければいけないと肝に銘じています。

③朝出て行った車両が何事もなく帰ってくると、「この仕事をやっていてよかった」というやりがいを感じます。

④泊まり勤務の場合、24時間、ひとつのチームとして一緒にいるので、自然とチームワークが養われていくように思います。気づけば仲良くなっている感じですね。

深川検車区行徳分室

Answer

入社14年目

佐藤祐太さん

統括車両係

①車両の整備、検査、修繕作業。出入庫や入換作業などの運転業務の作業をしています。胸ポケットに入っているのが作業指示票です。自分でわかるように、出庫と入庫で色を変えたりして区別しています。

②東西線は都内屈指の混雑路線なので、お客様に快適に過ごしていただくため、車内点検時は、「ゴミを一つも残さない!」という意気込みで点検をしています。

③家族と一緒に自分の整備した電車に乗ったときに、「ちゃんと走ってくれているな」って感覚が芽生えることがあります。役に立っているんだなと。この仕事をやっていてよかったなと思いますね。

Answer

入社29年目

高岩建さん

統括車両係

①車両の検査や営業線対応、そして「車輪転削」といって、電車の車輪を削る仕事をしています。電車は走っているうちに車輪の表面が荒れてくるので、それを定期的に正常な状態に戻す作業です。車輪転削で発生する切粉は鋭利なので非常に危険を伴います。
29年目で今は4職場目になります。最初に勤務したのは、今はなくなってしまった千住工場。その後は竹ノ塚検車区。次に上野検車区。そして今の職場になりました。

②お客様に快適な車両を提供するために、完全車両に整備することを心がけています。昔は鉄道好きだったので、最初のうちは面白そうだなと思っていました。時には大変なこともありますが、責任ある仕事にも携われて充実しています。

深川検車区行徳分室

Answer

入社6年目
富田泰憲さん
二級車両係

①月検査や列車検査、車両の入れ替え、出入庫をやっています。

②出入庫の時間は決まっているので、絶対に遅らせてはいけません。点検では、ビス1本の緩みも見逃さないようにしています。何年経っても常に緊張感を持ってできる仕事。自分が検査した電車がしっかり走って、ちゃんと車庫に帰って来てねと毎回思っています。

③2人の息子がいるので、「これはお父さんが点検した電車だよ」と言うと子どもたちも喜んでくれます。子どもたちに対して父親の威厳を保てるのはいいですね(笑)

④仕事中と休憩時間で、オンとオフを切り替えるようにしています。みんなで話をしたり、時にはスポーツをして、コミュニケーションを取りながら息抜きをしています。

Answer

入社12年目
毛利慎弥さん
統括車両係

①車両の保守業務と車輪の転削と運転業務をしています。西船橋に営業線出張もしています。

②営業線でトラブルがあると、お客様に多大なご迷惑をかけてしまうので、完全整備車両を常に提供していきたいという思いでやっています。電車を止めるわけにはいかないので、いかに早く復旧させるかということを頭に入れてやっています。

③営業線ではお客様の目に触れる機会が多く、声をかけられることもあります。子ども連れのご家族と写真を撮ったのですが、そのときのお子さんが「大きくなったらメトロに入りたい」って言ってくれたときは嬉しかったですね。

綾瀬検車区

千代田線

Answer

入社8年目
山中健悟さん
二級車両係

①運転を始めて4年になります。歩道橋の上で写真を撮っている方がいると、お客様を身近に感じます。

②いつも当たり前のように使っているお客様のことを考えつつ整備をしています。座席がちょっと汚れていたらキレイにするとか。ビスにバリがあると服を引っかけて裂いてしまうことがあるので、そういう細かいところまで行き届けばいいなと思っています。

③甥っ子に自慢できること。電車が走っているところを一緒に見ながら「お兄ちゃんは運転できるんだよ」と言うと、すごい羨望の眼差しで見てくれます。

④年齢に関係なく運動や飲み会をして、みんなでワイワイやっています。軽いノリで話をしてくれる先輩が多いので、たくさん話しています。

Answer

入社12年目
重田大輝さん
統括車両係

①統括は整備もするし運転もするし、なんでもします。後輩の指導にもあたるので、お手本になるような整備など常に模範になることを意識しています。

②本線に出すのは「完全整備車両」という完璧な車両でなければいけません。故障したら直すのが僕らの仕事なので、責任を持って対応しています。そして、そのための準備が一番大事だと思っています。

③出勤時に自分が検査をした車両にたまたま乗るときがあって、元気に故障や遅延もせずに走っているのを見ると安心しますし、やりがいを感じます。

④なんでも気兼ねなく話せる環境なので、仕事もプライベートもお互いに目配り・気配りしています。

和光検車区　有楽町線　副都心線

Answer

入社7年目

岡島侑輝さん

二級車両係

①車両の入換、出入庫などの運転をメインに点検整備、修繕作業もやっています。

②お客様の安全、人の命を預かっていることを自覚しながら仕事をしています。これらは以前勤めていた航空系の会社で勉強させてもらい、今でも活きていると思いますし、今後も活かしていきたいです。

③勤務体系がしっかりとしているので、車両故障などのトラブルが起きなければ、時間どおりに帰れます。仕事とプライベートが両立できることがいいですね。幼稚園に子どもを迎えに行く時間も作れます。この4人（佐藤さん、小松さん、松原さん）で、ほぼ24時間一緒にいるので、日々会話をしてコミュニケーションをとっています。

Answer

入社11年目

小松祐介さん

一級車両係

①車両の入換や出入庫の運転担当をしており、車庫から駅まで運転することもあります。もちろん車両の点検整備・修繕作業もやっています。約8年前までは、鷺沼検車区勤務でした。ちなみに当時は、チョッパ車の整備が大変で、決して得意とは言えませんでした。でも、すべてVVVFに更新されたと聞いた時は、寂しい気持ちになったものです。

②お客様には見られることのない仕事ですが、自分たちの〝仕事の先〟にお客様がいることを心に置いて作業をしています。

③新人の時、自分がメンテナンスした電車がお客様を乗せて走る姿を見て「ああ、すごい仕事をしている、この仕事を選んでよかったな」と思いました。

和光検車区　有楽町線　副都心線

Answer

入社12年目

佐藤諒さん

一級車両係

①営業線担当です。営業線で何か起きたときに現場へ駆けつけ対応するのが主な役目です。普段は小竹向原の詰所にいます。緊急時にどこが故障するかわからないなか、第一線で対応しなくてはいけないので、知識が必要ですが、責任感を持って仕事ができます。

②営業線担当は、走っている電車を直すことがあります。電車を止めないように、迅速に正確に直すことが大事。また、お客様と触れ合う機会が多いので、お客様の視点に立って、作業をするようにしています。車種が多いので、発生する故障も多種多様。的確に故障部分を直すことは大変ですが、やりがいがあります。

③東京メトロは大きい会社なので、親の鼻が高いこと(笑)たまに「乗ったよ」と言われます。

Answer

入社6年目

松原巧馬さん

二級車両係

①車両の点検整備と修繕作業、車両の入換をやっています。

②「ビスの緩みは気持ちの緩み」。いつも心がけていて忘れられないかっこいい言葉です。新人の頃に指導員から厳しく何度も教えてもらいました。整備の際はこの言葉を胸に作業をしていますね。リフレッシュするときには、コーヒーをよく飲みます。

③「この仕事をしてよかったな」と一番思えるのは、自分が整備した車両がお客様を乗せているのを見た時です。入社して半年後くらいに乗ったこともあります。その時も「ビス緩んでないな。気持ち緩んでいないな」と確認しました(笑)

④いろいろな人と会話するなどして、コミュニケーションを図っています。

和光検車区新木場分室

有楽町線　副都心線

Answer

入社5年目

中山貴弘さん

二級車両係

①月検査、列車検査を中心に、故障対応や出庫点検などです。例えば朝4時半くらいから電車に電気を入れ、パンタグラフを上げ、出庫点検をかけて送り出す仕事をしています。また、車輪踏面をきれいにして乗り心地を保つ車輪転削も行います。

②行き先に辿り着けなかったり、間に合わなかったり、お客様を悲しませることがあってはいけない。そういう気持ちで日々、整備や点検をしています。

③自分が整備した電車に多くのお客様が乗るのを見ると誇らしくなります。あと、3歳の双子の子どもたちがメトロのマークを見て「パパの会社」と言ってくれるのはほっこりしますね。

④故障対応の際には多くの人が手助けしてくれます。職場の結束力は高いと感じています。

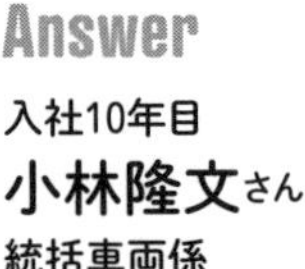

Answer

入社10年目

小林隆文さん

統括車両係

①検査全般、車両の運転、故障調査の3つが主な仕事です。運転は基地構内での入換作業、出入庫に加え、隣の研修センターで使用する教育用の車両を入換のため運転することもあります。

②自分が整備した電車に〝このあとすぐ〟お客様が乗られることを強く心に留めながら作業に当たり、100%の状態で電車を出せるよう心掛けています。

③テレビでメトロの電車が映った際、6歳の息子に「これ、パパがトントンしたんだぞ」と言うと、目をキラキラさせて喜んでくれます。すごく誇らしいですね。

④指導するときも、一緒に仕事をするときも、相手の立場に立って行動するように心がけています。それがより良い職場づくりに繋がると感じています。

鷺沼検車区

半蔵門線

Answer

入社8年目

池田 純さん

二級車両係

①列車検査、月検査と車両の入換（運転）です。運転ができるようになったのは3～4年前。入社当時から先輩方が運転しているのを見て、自分もできるようになりたいと思っていました。

②安全な車両が大前提。点検をしていると異常がないことがほとんどですが、どこかに異常はあると思って、気を緩めずに仕事に取り組んでいます。

③家のカーテンレールを取り付けたり、子供用の机を作ったりします。車をいじるのも好きで、マフラーやライトを自分で替えているんですよ。

④会話はお互いを知るために大事ですし、スポーツをするのもいいですね。サッカー、野球、バスケ、バレー、テニス…みんなで何でもやります。

Answer

入社14年目

高橋卓也さん

統括車両係

①車両の点検・保守、運転業務と車輪を削る作業（転削）もやっています。特に転削は削ると元に戻せないので、注意して作業しています。

②安全な車両を提供することが一番です。そのためには、我々も安全に仕事をしなければいけません。慣れない作業をする際にはミーティングを行うなど、安全第一を心掛けています。

③ドライバーなどの工具を使うので、家で家具を組み立てるのがうまくなりました。妻のお父さんと一緒にキッチンに棚を取り付けたこともあります。

④口下手なのですが、できるだけいろんな人と喋るようにしています。もっぱらの話題は、2カ月前（2020年10月）に2人目の子ども（女の子）が生まれたので子育てについてですね。

王子検車区

南北線

Answer

入社2年目

日暮（ひぐらし）拳大さん

二級車両係

①月検査と修繕作業です。思ったより若い方が多く、年齢も近いので、わからないことがあっても聞きやすい職場です。

②電車が時間通りに、当たり前に動くように心がけています。「当たり前の日常を」ということですね。私たちの点検があってこそ、それを実現できると思っています。

③小さい頃から鉄道好きで、鉄道関係の仕事に就きたくて工業高校に進学し、夢を叶えました。やりがいを感じるのは、未然に故障を防ぐことができたとき。少しでも異常があれば電車は止まってしまいます。なので、それを自分で見つけられたときはよかったと思いますね。先輩からも褒めてもらえて嬉しかったです。

Answer

入社5年目

原田啓さん

二級車両係

①90日周期で行う月検査、10日以内に行う列車検査を担当しています。運転免許も持っているので車両の入換もやっています。技術面は経験が必要なので先輩方から、技術の伝承をしていただいています。

②利用していただく方の日常が当たり前に過ごせるように「縁の下の力持ち」として陰ながら支え、誇りを持って仕事をしています。

③事故・トラブル等を起こさせないのが当たり前だと思うので、それらが発生しないことが喜びです。

④昼休みのスポーツですね。王子の地下には、昔車両工場だったスペースがあるので、そこでテニスやサッカーをしてコミュニケーションをとっています。地下なので、夏場はものすごく暑いですけど（笑）

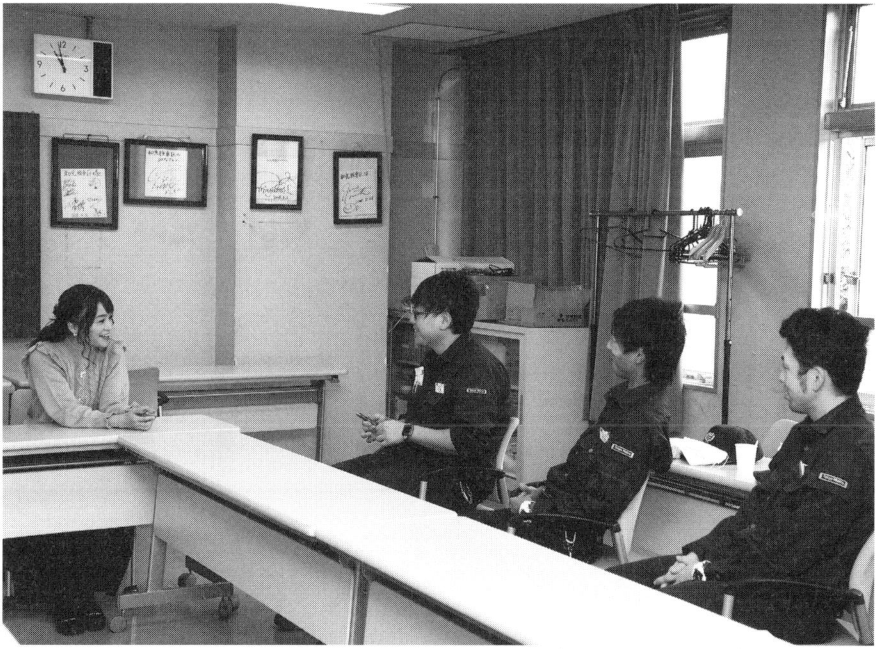

インタビューにご協力いただきありがとうございました！（久野）

回送列車で行く8-9連絡線の旅

"路線図にはない地下鉄"を体験！

8号線 有楽町線
9号線 千代田線

有楽町線と千代田線を結ぶ"路線図にはない"地下鉄、通常「8-9 連絡線」──。今回、東京メトロさんのご厚意で特別に乗車させていただきました！

4 池袋

池袋通過のレア体験！
回送列車だから、たとえ池袋でも列車は通過！どこか、特別な気分を味わえます！

6

いざ！8-9連絡線へ！
桜田門でスイッチバックして、本線ではない「8-9 連絡線」(※写真左の路線)へ突入！未体験ゾーンへ進む光景に、ワクワクが止まりません！

5 桜田門

桜田門に到着！
桜田門で停車。ここから、スイッチバックで「8-9連絡線」に突入していきます！

乗務員交代②

有楽町線

至新木場▶

8-9 連絡線

乗務員交代③

9 霞ケ関

千代田線

霞ケ関に到着！
有楽町線の車両が、ついに千代田線の駅に停車！ホームにいる乗客の皆さんも、どこか不思議そうな表情を見せていました……。

綾瀬

10 綾瀬検車区・工場

綾瀬検車区・工場に到着！
2時間の長旅、お疲れ様！ここから7000系は綾瀬工場で検査・整備が行われるそう。また、元気な姿で戻ってきてね！

乗務員交代④

乗務員交代①

START!

和光検車区

①

7000系で2時間の旅！

和光検車区から綾瀬検車区までの2時間の旅がスタート！本日の旅のお供は有楽町線開業時から運行される7000系！

和光市

②

和光市を出てトンネルへ！

和光市を出発してすぐにトンネルに突入！ここから、長い地下鉄の旅が始まります！

絶対停車駅（俗称）・小竹向原

途中、小竹向原で一時停車。東京メトロでは回送列車でも停止が義務付けられている「絶対停車駅」（俗称）が存在します。ちなみに、有楽町線の絶対停車駅（俗称）は小竹向原だけ！

③

小竹向原

8-9連絡線 久野的 胸キュンポイント

乗務員さんの連携がすごい！

和光検車区から綾瀬検車区までの旅路の中で、乗務員さんの交代は実に4回！そのすべてがスピーディ！営業線のダイヤを乱さないために正確に、迅速に動く東京メトロの乗務員さんたち、カッコよすぎました！

回送列車ならではの優越感!?

「絶対停車駅」（俗称）の小竹向原、綾瀬と連絡線内以外は基本的にノンストップだった今回の旅路。池袋や大手町といった巨大ターミナル駅を通過していく感覚に、不思議な優越感をおぼえました！「まるで地下鉄の神」になった気分です（笑）。路線を跨いでの工場搬送(回送)、大変お疲れ様でした!!

連絡線でしばし待機中！

連絡線内では運行ダイヤに合わせた「待機時間」があります。この日は約1時間程度。せっかくなので運転士さん・車掌さんに事細かにインタビュー。待機時間とはいえ機器チェックなどに余念がない東京メトロの職員さんたち……カッコいい！

⑦

⑧

◀至代々木上原

千代田線でトンネルの形が変わった!?

連絡線を進み、千代田線に入ると、それまでの円筒型（写真左）からハコ型（写真右）にトンネルの形状が変化！トンネルにも、色々な顔があるんだなぁ……と感激！

回送列車で行く赤坂見附連絡線の旅

“路線図にはない地下鉄”を体験！

赤坂見附駅手前付近には銀座線一丸ノ内線の渡り線があります。
今回は実際に上野検車区から回送列車に乗車。
渡り線を経由して中野検車区までご案内いたします！

溜池山王駅に到着
ここはまだ銀座線です。まもなく渡り線に入るということで、その瞬間を撮り逃さないよう、私たち取材陣もスタンバイ！

いざ出発！

回送列車にいよいよ乗り込みます！　初めての体験にテンションション爆上がり状態でした（笑）。

銀座線

上野

上野検車区

溜池山王

連絡線

車内の様子はこんな感じ！

当然ながら車内にいるのは私たちのみ。移動中、車内の照明は基本的にOFF！

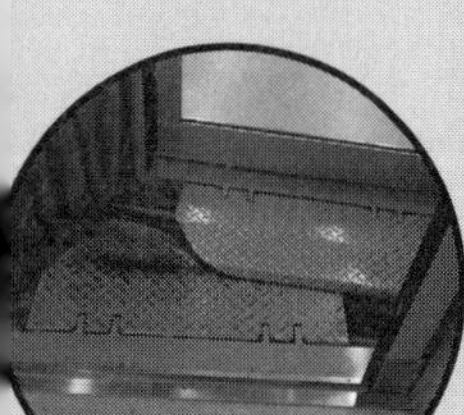

夢中にシャッターを切る南田調査員
「私、ここが好きなんですよ」としゃがんで撮影を始めた南田調査員。カーブした時の転落防止用のホロの角度がたまらないのだそうです（苦笑）。

銀座線1000系の回送列車に乗車！
上野検車区に集合した取材チーム。階段を下りて、地下に待機している1000系の元へ進みます。幻想的な空間が広がっていました。

運転士さん、お疲れ様でした！

渡り線　タイムテーブル	
10時8分	上野検車区発
27分	上野発
44分	溜池山王
48分	赤坂見附
51分	四ツ谷
11時1分	中野坂上
5分	中野富士見町
7分	中野検車区着

銀座線ではなく、丸ノ内線のホームへ

渡り線に突入、いよいよ丸ノ内線内へ

左が銀座線。右が丸ノ内線。ここから丸ノ内線へ。赤坂見附駅へ入線します。

中野坂上

丸ノ内線

至荻窪◀

中野富士見町

四ツ谷

赤坂見附

連絡線

中野検車区

乗務員交代

中野検車区に到着！

中野坂上・中野富士見町を経由して、中野検車区へ。中野工場で検査を受ける銀座線の車両はこのルートをたどります！（上野検車区へ戻る際も同様です）。回送列車へ乗車させていただき、ありがとうございました！

到着しました！

久野的 胸キュンポイント

ダイナミックな秘密の渡り線に感動！

前にイベントで乗せていただいた時は、地上からの回送でした！　今回は上野の地下の留置線から中野の地上検車区までと、実にダイナミックな体験となりました！　元気に検査してもらって帰ってきてね！

南田的 胸キュンポイント

回送列車ならではの風景は格別！

地図にない渡り線はロマンそのもの。ワープした感覚。第三軌条の集電方式の転線はさらに格別。真っ暗な車内が、駅を通過するたびにパッと明るくなるのも、消灯された回送列車ならではの風景。しかと見届けましたぞ

株式会社ナビット 代表取締役

福井 泰代さん

Yasuyo Fukui

我が人生において『のりかえ便利マップ』を超える発明は生まれない

「○駅で○○線に乗り換えるには何両目に乗ればいいかな？」「○○へ行く上で、一番近い改札口への階段を利用するには何両目に乗ればいいかな？」。普段、東京メトロ各駅のホームで皆さんも何気なく利用している『のりかえ便利マップ』。このマップを発明した福井泰代さんに開発経緯や進化の歴史を伺いました。

駅にある「のりかえ便利マップ」がどのように誕生したか、少し鉄道に詳しい方ならご存じだと思います！　マップの制作をきっかけに会社まで立ち上げられたとのことですから、バリキャリな感じの女性というイメージを抱いていましたが、福井さんは真逆！ほんわか柔らかで、まるで〝鉄道界の母〟のよう……！　母の優しさは、便利につながる。同じ働く女性の先輩として、憧れの存在です♪

PROFILE

1965年生まれ。88年成城大学経済学部を卒業後、キヤノン販売入社。91年、結婚・出産を機に退社。97年に有限会社アイデアママ設立。子育ての最中、主婦の視点を生かして『のりかえ便利マップ』を考案し、具体的な実地調査などを経て完成に至る。98年に『のりかえ便利マップ』が営団地下鉄、都営地下鉄、ぴあなどに採用される。01年、株式会社ナビット設立。現在は同社代表取締役。
http://www.navit-j.com/

主婦目線で誕生 女性専用車両、バリアフリー情報も

久野　『のりかえ便利マップ』は主婦業と並行して開発を手掛けられたと伺いました！

福井　元々発明をやっていまして、子育て中もそれを続けていました。ずっと温めていたアイデアの一つが『のりかえ便利マップ』だったんです。乗り換えで利用した西日暮里の駅ですごく不便を感じたんですね。子どもを連れてベビーカーを押していたので、エレベーターはどこかな？と。探しても階段ばかりで、エレベーターの案内もない。これってどうにかならないかなと。

久野　不便をどうにかしたい。それがきっかけだったんですね！　お子様が何歳のときに開発されたんですか？

福井　1歳と3歳です。土日だけ子どもを夫に預けて駅データを集めました。最初は駅全体の情報を盛り込んでいたんですが、企画を持ち込んだ雑誌社さんに「情報を絞ったほうがいい」と言われ今の形になりました。最初は雑誌に、その後システム手帳にも採用されました。

久野　巻末にリングで自分でつけられるタイプですね。（現物を見ながら）それにしても、当時のマップはすごい情報量ですね。今だったら「見づらい」とか言われちゃいそうなのですが、印刷物はやはり……。

福井　印刷物はやはりこうなってしまうんですよね。次にPCのソフトに、さらに駅に置く「7つ折り」として採用されました。そして携帯電話から見られるようになり、さらに『のりかえ便利マップ』の駅の掲示が始まりました。

久野　『のりかえ便利マップ』と聞いてイメージがわかない方でも、実物を見れば、ああ、これか！ってなりますね！

福井　近年では、様々な企業へデータ販売を始めました。Google mapで検索すると表示される乗り換え情報などはうちの会社から提供しています。

久野　ある時、Googleマップに日本的なサービスが突然導入されたなと思ったんです。それもナビットさんだったんですか！

久野　最初に導入されたときの評判はいかがでした？

福井　東京メトロ（当時営団地下鉄）銀座線から取

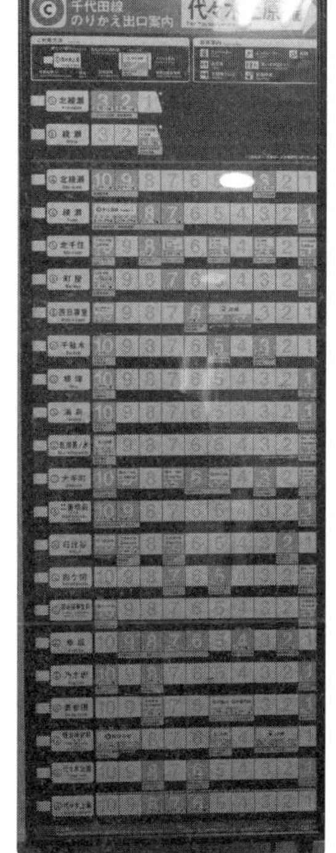

東京メトロを利用したことがあれば、一度は目にしたことがあるはず。

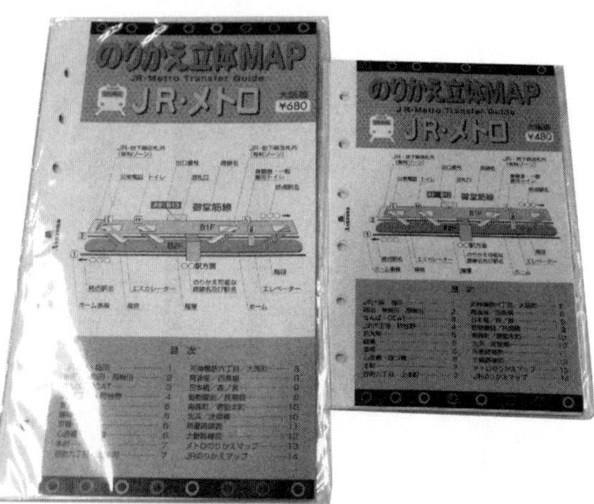

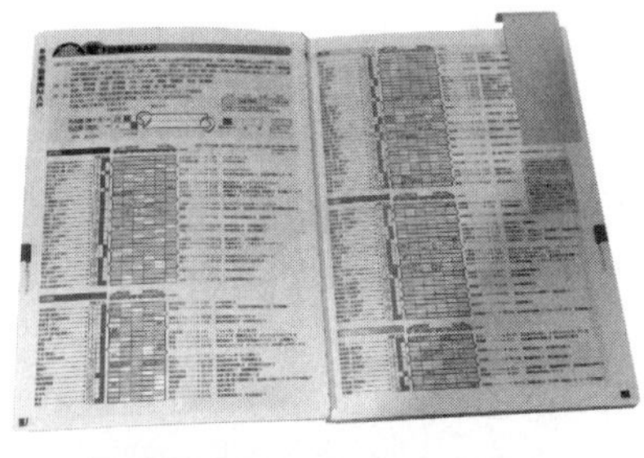

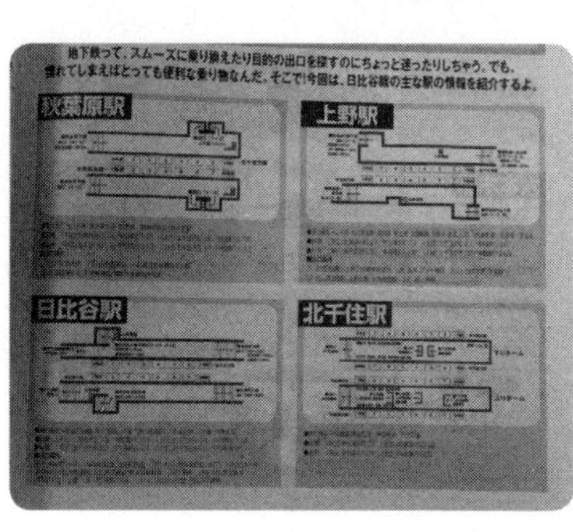

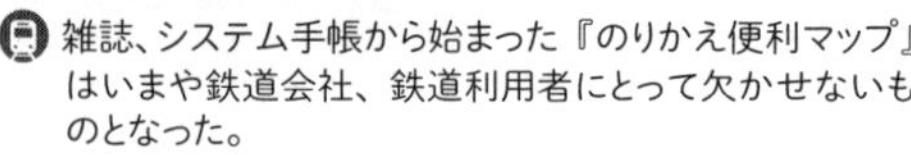
雑誌、システム手帳から始まった『のりかえ便利マップ』はいまや鉄道会社、鉄道利用者にとって欠かせないものとなった。

り入れていただいたんですが、世間的にインパクトがあったようで、「便利だ」というお声をたくさんいただきました。銀座線の評判がすごく良くて「他の路線はないのか」という声に押されて、丸ノ内線と千代田線にも導入されました。やがて全線で導入していただきました。

久野　実際に導入するにあたり、大変なことはありました？

福井　分散乗車を促すために工夫をされていたので、わざとファジー（あいまい）な表記をしましたね。

久野　あれは意図的なんですね！

福井　正確に表記すると、出口が7両目と4両目とかに集中したりするので、気を遣いました。同時に「もっとたくさん貼ってくれ」「のりかえ便利マップを探してホームの端から端まで歩いちゃったけどうしてくれるんだ」というご意見が入ったりするようになって、影響の大きさを感じました。

久野　だって便利ですもの！

福井　駅員さんがあれを見ながらお客さんに説明していたり、事務所の中に貼ってあったりして、役に立っているのかなって嬉しくなりますね。

久野　現在のマップと、最初にノートに書き始めた頃で掲載情報は結構変わりましたか？

福井　そうですね。今は女性専用車両やバリアフリーの情報が盛り込まれていますね。先方の担当者が変わるたびに少しずつ改良されますね。

久野　最近だとどこに手が入ったのですか？

福井　綾瀬駅が新しくなりましたね。

かつては鉄道研究会の部員が参加⁉ 情報はすべて実地調査から

久野　担当者さんが変わると多少改訂されるとおっしゃっていましたけど、各鉄道会社さんとの契約は年間契約ですか？　それとも使用料契約ですか？

福井　基本的に年間契約です。年に1回か2回修正して納入する感じです。

久野　調査に時間かかった駅とかあります？　開発当初、この駅大変だった！　とか。

福井　一番大変なのはやっぱり大手町駅や東京駅ですね。

久野　乗り入れが多いですものね。

福井　1日じゃ終わらなくて、何日かかけてやらないといけないです。今だったら渋谷駅かな。あそこは迷路ですよね。

久野　実地調査は、例えば駅を降りてホームで写真を撮られて、という形ですか？

福井　そう。これがその成果です。ホームのいたるところで写真を撮ってデータにします。日本全国にいる主婦たちがデータにして送ってくれます。

久野　こうした方々はどのように募集されるのですか？

福井　実は最初は大学の鉄道研究会の学生さんにお願いしていたんです。でも、鉄道研究会の学生さんが毎年どんどん減って……。

久野　そうなんですね。私の周りには山ほどいるんだけど（笑）。

福井　それと、鉄道研究会の学生さんに、「デパ地下で行列のできる店を紹介してくれ」とお願いしても彼らは興味を持ってくれないんです（笑）。それで主婦の力を借りることにしました。

久野　どのような募集の仕方だったのですか？「実態調査員」みたいな？

福井　「駅の調査」ですね。最近弊社の社員が電車に乗っていたら、駅で写真をばんばん撮っている女性がいて、思わず声をかけたら、やっぱりうちの調査員でした（笑）。

久野　鉄オタの可能性もありますよ！（笑）。

福井　確かに（笑）。ちなみに駅の調査目的で、弊社に全国58100人ほど登録いただいています。お子様が鉄道好き、という方もいらっしゃるので、親子で調査を手伝っていただいているケースもあるんですよ。

久野　地下鉄に乗るとき、エスカレーターを降りて

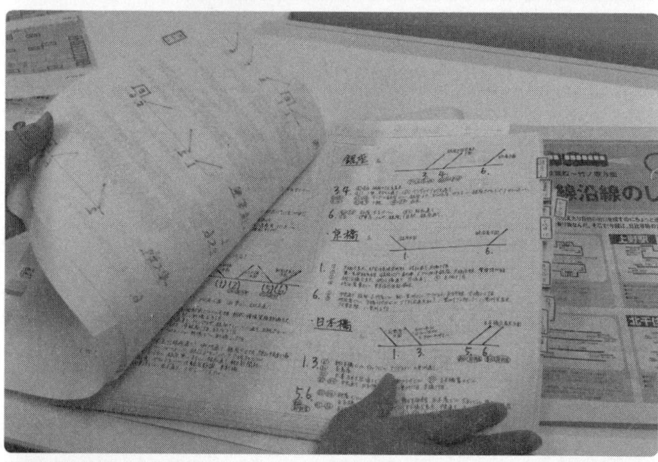

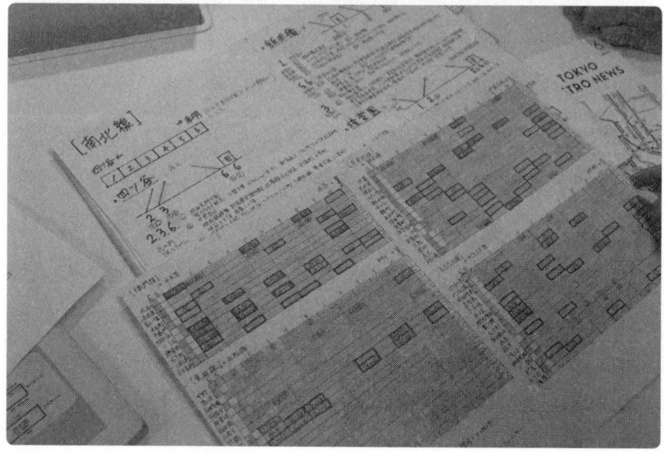

当時から手書きで地道に各駅の情報を整理。必要あれば写真も撮影して、『のりかえ便利マップ』に反映していく。

いくとホームに着いた瞬間に、『のりかえ便利マップ』を探すんですが、だいたい1番目の柱にはなくて、2番目や3番目にあるんです。あれって、どのように決まるのですか?

福井 貼る位置はメトロさんが決めています。昔は島式ホームと相対式ホームで間違えているのが結構あって、最初の頃はうちの社員が駅を回って「貼っている(のりかえ便利マップ)向きが逆です」と進言していました。今でも年に1回実地調査をしていて、全国の駅をすべて調査します。

久野 全駅ですか!? 同時に?

福井 そうですね。うちがデータを提供している957駅を全部見ます。

久野 大変!

福井 例えば新しい出口ができたり、施設ができていたり、なくなっていたり、そのデータを全部集めてきてアップデートします。

久野 例えば「ここに新しい施設ができましたよ」とか、そういう口コミ的なのもありますか!?

福井 ありますよ。まとめて反映しますけど。

久野 やっぱりこのマップには載りたいですものね!

福井 新しくできる駅はどこに何ができるかっていうようなのは、開業前にCADを青焼きしたのをいただいて。それをもとにして「こういう風になります」っていう完成予定図をお作りします。

久野 それが最終的にお馴染みの形になるんですね。ちなみにテレビで駅のシーンが出てくると、探しちゃったりしますか?

福井 見てしまいますね。『世界の車窓から』が好きなんで、いつか『のりかえ便利マップ』が出てきたら光栄ですよね。

久野 海外に売り込んだりはされないんですか?

福井 トライしたこともあるんですけど、あまり評価されなかったんですよね。

久野 あれはまさに日本的な便利さなんですかね。1秒がもったいないからわざわざ、近いところに乗るわけですものね。そもそも海外は時間どおりに電車が来ないことも多いです(笑)。

元々発明が大好き 5つ目の乗り換えマップが大成功

久野 社長の人生マップを作るとしたら、大きな乗り換えが29歳だったんですね。それまではどこかで働いていらしたのですか?

福井 メーカーの子会社で働いていて、それで専業主婦になって、細々と趣味で発明をやっていました。最初の発明は、お姉ちゃんの保育園に下の子どもをおんぶして連れていったときに考えました。赤

鉄道研究会の学生さんに、「デパ地下で行列のできる店を紹介してくれ」とお願いしても彼らは興味を持ってくれない(笑)

ちゃんがすごい泣いてしまって、おしゃぶりを咥えさせると泣き止むんですけど、まだ生まれたばっかりで、すぐ落としちゃうんですね。

久野　力がないから……！

福井　なので、空気穴のところに紐を通して耳に掛ける仕組みを考えたら、知財に詳しいお母さんがいて「特許を取ってみたら？」と言ってくださって。そのときに特許って言葉を初めて知りました。そうやって5つ目に思いついたのが『のりかえ便利マップ』でした。

久野　それをもとに今の会社を作られたのですね。

福井　『のりかえ便利マップ』は29歳のときに考えたんですけど、一生それを越えられないと思います。

久野　お母様方の間でも有名だったんですか？　福井さんは面白い人よ、みたいな。

福井　いや、有名じゃないです。ずっと発明していることを隠していましたから。もともと、動いているのが好きなんです。実家が旅館で、働いている母の背中をずっと見てきたので。それで初めて家庭に入って子育てで、すごく暇だと感じてしまって。

久野　子育てだって忙しいじゃないですか。二人もいらっしゃって、1歳と3歳ってまだまだ全然手がかかるのに、どこにその余裕があるのかなって。私も母親が働いている人間だったので、福井さんの働き方はすごく理想的でかっこいいなと思います！

福井　いえいえ。たまたま私は『のりかえ便利マッ

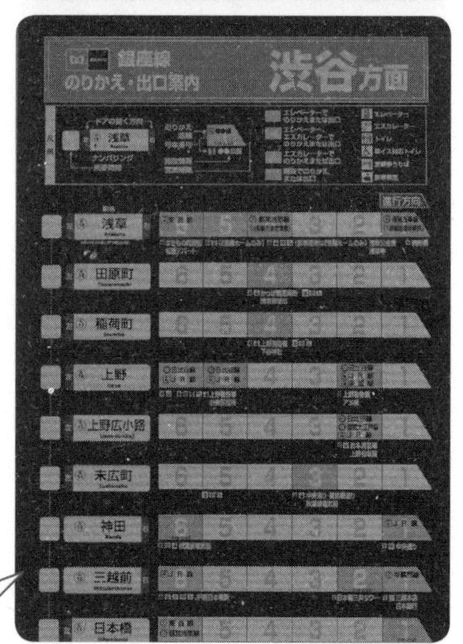

見やすさを考慮しながらデザイン、案内情報ともに毎年少しずつ改良が加えられている。

こんな工夫しています

上が現在のデザイン。下がかつてのデザイン。現在のデザインでは路線記号（C）を大きく掲載。またヘッダー部分、車両はじ部分に行先（進行方向）が直感的にわかるように矢印のイメージをつけた。また下車車両に紐づいた出口のランドマークを増加及び背景を黄色で色付けするなど、視覚的にもわかりやすいように工夫している。

プ』がヒットしただけで、そうでなかったらただの素人でずっとやっていたと思います。

毎日公共交通機関を利用して、最新の情報収集を

久野　素人とおっしゃる福井さんですが、普段から心がけていることはありますか？

福井　やはり毎日公共交通を使うことですね。我が社ではマストでして、社員が電車・バスで通勤しています。

久野　電車が遅延したら皆一斉に遅刻しそうですね（笑）。

福井　社員旅行も必ず公共交通を使って、いつも公共交通をチェックしますね。それぞれ気がついたところや、珍しいチケット売り場なんかを写真に撮ってきます。

久野　ほぼ社員研修ですね！

福井　そうですね。私もいつも写真を撮っていますから。

久野　社長が常に率先してやってらっしゃると。

福井　そうです。そうしないと情報の変化に敏感に対応できないんです。この駅がこう変わっているとか、自動販売機がなくなっていたり……一時期、公衆電話が一斉になくなった時期があってそれも大きな変化ですね。

久野　公衆電話はどこの駅にもありましたよね。

福井　ええ、まだあるんですが、どんどん減ってしまって。他にも先ほど話したように女性専用車両ができたりと、そういうトレンドがあるので常にチェックしていかないといけないんです。

久野　出張が多いのでコインロッカーのマークはいつも頼りにしています。やっぱりこのマップがあると便利ですよね！

福井　そんなにちゃんと見ていただいて嬉しいです。

久野　どこの駅でもチェックしていますよ。一応女子鉄アナウンサーとしてやっていますから（笑）。

福井　そんなに電車が好きだったら、せっかくなんでうちで実地調査をやっていただきたいな。女性目線と、鉄道ファン目線を両方持った貴重な人材です。

久野　本当ですか！　いつか自分の時間ができたら、ぜひやらせてください（笑）

久野さんに実地調査をやっていただきたいな。女性目線と、鉄道ファン目線を両方持った貴重な人材です

営団地下鉄入社組×東京メトロ入社組 運転士座談会

その師弟関係に迫る!!!

運転士の世界は特別だ。新人には必ずひとり指導員が付き、師匠と弟子の関係を結び合う。運転技術はもちろんのこと、社会人としての振る舞いにいたるまで、あらゆることが伝授される。この企画では二組の師匠・弟子に集まってもらい、ディープな師弟関係について語り合ってもらった。

ブレーキと叱り方はタイミングが難しい

久野 今回は営団時代に入社されたベテランの皆様と、メトロ時代に入社された若手の皆様の師弟対談をお送りしたいと思います。よろしくお願いします!

一同 よろしくお願いします。

久野 東京メトロに限らず鉄道・バス会社では運転士さんに師弟制度があると伺いますが、ちなみにお弟子さんの成長ってどこまで見守られるのですか?

川上 見習い期間からずっと一緒にいて、運転士でいる間はその関係は続きます。ほぼ親子関係と同じですね。

久野 運転技術はどの車両でも基本的には一緒なんでしょうか?

川上 車両によってブレーキの利きのクセがあるので、それを覚えることから始めます。制動って、1回強くブレーキをかけたら、そこからゆっくりと緩めて止めるのが基本なんです。そうすると乗っている人がストレスを感じない。追加でブレーキをかけないように、上手にブレーキを制御しながら所定停止位置に止める訓練を繰り返します。
久野　車両によって動きが違うわけですよね。
池田　車種はもちろん車両によっても全然違いますね。止めやすい電車があったり、止めにくい電車があったり。
久野　お弟子さんの前で見本を見せる時は緊張しそうですね……!
川上　最初のうちは弟子が困ったりしたら「どいてくれ」って運転を替わることもあるんですが、内心は超ドキドキで「うまく止まれよ」と思いながらハンドルを握って(笑)。
久野　師匠に一番怒られたのはどんな時ですか?
齋藤　一番怒られたのは、ラッシュ時間帯に停止位置がずれてしまった時です。それも一番混んでいる時間帯の南砂町駅で。
久野　その時のことを覚えていますか?
川上　覚えていますね。

久野　その時はどういう対応をされたんですか?
川上　ミスをした時はもちろん叱りますが、そのタイミングが結構難しいんです。事故につながるような重大なミスはもちろんその場で言いますが、そうではない場合は後で言うようにしていました。
久野　ということはお弟子さんは、その場では言われなくても、後で怒られるぞというのがわかるんですね(笑)。
齋藤　「あっ、やっちゃった」って思って、降りたあとに「あれはないぞ」って言われたのが、一番グサっときましたね。
池田　私は基本的に怒りません。川崎の性格的に1回失敗するとうまく気持ちを切り替えることができずに引きずってしまうタイプだったので、川崎には怒らないよう心がけていました。
久野　熱血指導する人もいるんですか?
池田　いると思います。特に営団時代は体育会的ノリが強かったですね。

弟子の性格・タイプに合わせて指導法を変える

久野　今回、営団さん入社組とメトロさん入社組がいらっしゃるということで、それぞれお話を伺いたいのですが、師匠のお二人は営団時代の入社ですよね?
川上　私は平成10年入社です。今年41歳になります。
池田　平成12年入社です。川上さんの2つ下です。
久野　池田さんは千代田線のご担当ですが、好きな路線が丸ノ内線って?
池田　小さい頃からよく乗っていたので、ずっと憧れていました。
久野　丸ノ内線を運転したかったりしないですか?
池田　いや〜運転したいですね(笑)。でも車掌で丸ノ内線はやらせていただいていました。
久野　運転士さんの中で憧れの路線とかあるんですか?
川上　自分は実家が東西線沿線なので子どもの頃からどこに出かけるにも東西線がスタートでした。その東西線のハンドルを握るというのが憧れでもありました。
久野　いいなあ。やはり快速は気持ちがいいんですか?
川上　気持ちいいですね(笑)。

久野　やっぱりそうなんですねぇ！　みなさんは鉄道が好きで入られたんですか？

川上　そういう人は私たちの世代では少ないんじゃないでしょうか。

久野　池田さんにいたっては趣味が農業とお聞きしました。

池田　はい（百笑）。

久野　川上さんと池田さんもお師匠さんに教わったわけですよね。

池田　私の師匠はまだまだ元気で今は私の上司です。50半ばぐらいです。

久野　川崎さんにとって師匠の師匠ということは、「おじいちゃん」と呼んだりするのですか？

川崎　だれかに説明する時に「親の親」という言い方をすることはあります。

池田　私は弟子が４人いるんですが、そのうちひとりにさらに教え子がいます。つまり私にとって孫みたいなもので、直接指導してなくてもすごくかわいいです。

久野　よちよち歩きの頃から見ているわけですよね。子どもの成長を見守る親御さんの気持ちと一緒なんでしょうか？

川上　やっぱり責任を感じますね。

池田　やっぱり性格があるので、その子に合わせてやります。彼（川崎）はちょっと大人しいタイプなのでやりやすい環境にしてあげたり、サッカーが好きなので彼が好きな名古屋グランパスのことをコッソリと勉強して「昨日はグランパスが勝ったね」と話しかけたり。

久野　〝愛〟ですね！

「ニューヨークの地下鉄が好きです（笑）」

久野　みなさんは親子でありながら、一緒に仕事をする仲間でもあります。気持ちよく仕事をする心配りもすごくされていて、お父さんというよりお母さんみたい（笑）。

池田　失敗した時ってネガティブに考えがちじゃないですか。「こういうところはいいね」とか、良いところからドンドンと――それで上がってきたら業務のことを教えるとか環境を意識しますね。

久野　お弟子さんの性格を把握されるまで時間がかかりましたか？

川上　彼らが学んだ研修センターの先生から「齋藤はこういう人間です」という

師匠

川上洋介
かわかみようすけ

弟子

齋藤幸介
さいとうこうすけ

川上洋介		齋藤幸介
【運転部】東西線乗務管区（東陽町運転）	所属	【運転部】東西線乗務管区（東陽町運転）
1998年	入社年度	2009年
やらずに後悔するより、やって後悔する	座右の銘	初心忘るべからず
行徳	好きな駅	六本木
東西線	好きな路線	東西線
唐沢寿明	好きな芸能人	大泉洋・指原莉乃
車・バイク	趣味・特技	旅行・写真

フィードバックの資料をもらうんですが……。

久野　そこにはなんて?

川上　「大人しい」って書いてありました(笑)。おそらく幸介は覚えていないと思いますが、私と初めて乗った時に、運転士になったくらいだから電車が好きなのかと思って「好きな電車はあるの?」と聞いたんですね。そうしたら、新幹線とかかなと思ったら「ニューヨークの地下鉄です」って。

久野　まさかの(笑)。

川上　ニューヨークの地下鉄って言われても、全然知らないし、行ったこともないし。そこで会話がブツって切れましたね。覚えてる?

齋藤　すいません、覚えてないです……。旅行が好きで、なかでもニューヨークという街が大好きだったのでそう答えたんだと思います。

久野　ニューヨークの地下鉄でピンポイントに話題を広げようと思うと難しいですよね(笑)。

川上　そこで感じたのはマイペースなやつだなって。

久野　私の勝手なイメージで恐縮なんですけど、運転士さんて理知的で物静かな人が多いイメージがあります。

池田　そんなことは決してないんですけどね。でも休憩中にワハハってやってる彼らが、運転台に座ると一気に真面目になるというのはあるかもしれないです。

久野　運転席はしゃべる相手がいないですものね(笑)。

師匠は社会人としての心得も教える

久野　師匠さんはお弟子さんに具体的に何を教えるのですか?　運転技術だけではないですよね?

川上　そうですね。若い頃に「指導員と師匠の違いがわかるか?」って大先輩からよく言われました。どういうことかというと、指導員は仕事だけを教える。でも、師匠は仕事だけでなく、社会人としての心得も教える。だからうちの会社では指導員ではなく師匠と呼ぶんだよと言われました。

久野　師匠というのは正式な呼称なんですか?

師匠 **池田敦** いけだあつし　×　弟子 **川崎亮平** かわさきりょうへい

池田敦		川崎亮平
【運転部】千代田線乗務管区(代々木運転)	所属	【運転部】千代田線乗務管区(代々木運転)
2000年	入社年度	2011年
積小為大	座右の銘	美点凝視
西日暮里	好きな駅	浦安・葛西・西葛西
丸ノ内線	好きな路線	千代田線・半蔵門線
深田恭子	好きな芸能人	大泉洋・綾瀬はるか
農業・継続すること	趣味・特技	自重トレーニング・睡眠

池田　いえいえ。正式には指導員です。

川上　ただの先輩と後輩ではないですね。指導期間は4カ月間朝から晩までずっと一緒にいます。ご飯も同じところで食べます。

久野　出勤と退勤も一緒？

池田　全部一緒です。1日中、ずっと同じ空間にいます。この期間はワイフより一緒です（笑）。

川上　弟子も師匠しか知らないわけで、途中からは食事時間を少しずらして、あえて一緒にいないようにしていました。ずっと師匠に監視されているとプレッシャーでしょうし、他の若い子と情報交換もできる。

池田　私は彼が話をしやすい環境を作るように心がけました。いろんな同僚を紹介して、僕がいない時は新しい仲間と楽しく過ごせるようにって。

久野　その期間に関しては、家族よりも本当に長い時間を共に過ごしているんですね。表情を見ると、お互いに何を考えているか大体わかるんですね。

川上　表情ではないんですが、一緒に乗ってハンドルさばきを見ていると、「昨日何かあったのかな」とかわかる時があるんです。

久野　ブレーキがきつかったりとか？

川上　そうですね。いつもより声が小さいとか、いつもミスしない箇所なのに、今日はミスをしそうな雰囲気があったりと。そういうのがいずれ事故につながる可能性がある。だからそういうのは敏感に察知するのかもしれません。ハンドルを握った以上は無事故で戻ってくるのが私たちの使命なので。

久野　そういう温かい眼差しを感じていました？

川崎　もうそれは全身で感じていました。

久野　齋藤さんは？

齋藤　……。

川上　なんか言ってくれよ（笑）。

事故を防ぐための師匠の心配り

久野　師匠のことをどう思っているのか気になります。親をどういう目で見ているのかが。

川崎　人間的に全部と言ったら大袈裟かもしれないですけれど、仕事もそれ以外も本当に尊敬できる方なので、自分がいつか追いつくなんて想像もできません。

久野　あれ、泣きそうになってませんか。

池田　ウルウルきてます（笑）。

久野　グランパスの勉強をしてよかったですね！

池田　そうですね。ちなみに現在は3位（取材時）。いまだに新聞を見るとグランパスの結果を探しちゃう。

久野　素敵！　お互いの人生に影響を与えあっているわけですね。

齋藤　私も常に気遣いを感じていました。最初の頃は、運転台に立つと緊張してガチガチになってミスをしてしまったこともあったんです。

久野　まだまだ新米ですもんね。

齋藤　そうして私がガチガチになっていると、「久々に運転したいからちょっと代わって」みたいな感じで、すっと交代してくれる。

久野　それは本当に交代するんですか？

齋藤　最初のうちは、疲れていたり、調子が悪かったり、ブレーキがうまく決まらない時ってあるんです。でもそれを修正する技量もない。そんな時に声をかけ

カバンの中身拝見!

運転士が常に携帯しているカバンの中には、運転に必要な道具が詰まっている。非常事態が起こったときに使用する信号炎管、鉄道無線などは必需品だ。

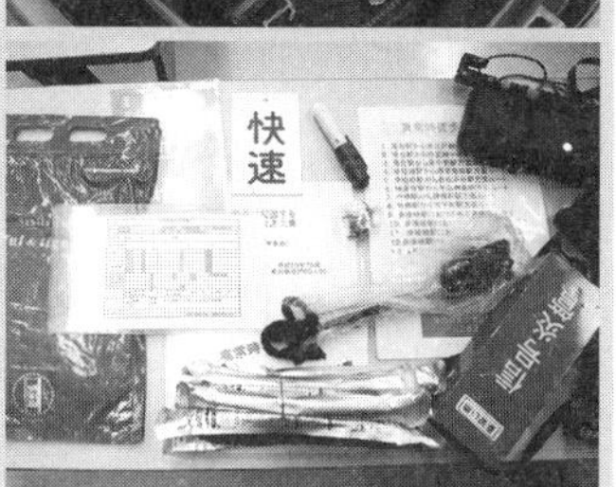

られてホッとしたことを覚えています。

川上　そんなこともありましたね。試験が近づいて、緊張やらなんやらが重なると、ハンドル捌きに波が出るんです。「代われ!」ってやると、彼のモチベーションに影響してしまうかもしれないですから。

久野　昔は弟子がブレーキ操作を間違えたら叩く人もいたとか。

川上　今はそういう行為はもちろんなくなりましたけど、でも、師匠が何であんなに血相を変えて怒っていたのかはよくわかります。これを続けると事故につながる、それを教えたかったんだって。

ホームドアのある駅は停止許容がシビア

久野　営団時代の思い出ってありますか。

池田　営団育ちはツーハンドルが好きだと思いますよ。今は千代田線はワンハンドルしかないけど、愛着があります。

久野　体に染みついているんですね。ツーハンが好きな理由って具体的にありますか?

川上　例えば雨が降っている時に、車輪の空転を防止するためツーハンドルだとブレーキをかましたままノッチを入れることができる。でも、ワンハンドルだとできない。

久野　自動車でいうマニュアル車の坂道発進みたいなことですか?

川上　そうですね。ツーハンの方が実は融通が利くんです。

久野　若いお二人は、ぽかんとされていますね……!

川崎　なんとなくわかるんですけれど、一人前になる前に車両が引退してしまったので。

久野　自動車だと普段はオートマに乗っていて、たまにマニュアルに乗るようなものでしょうか?

池田　それに近いかもしれません。

久野　齋藤さんと川崎さんは乗れるけれど不安?

川崎　不安ですね。すごく不安です。

久野　ツーハンって、どんどんなくなっているんですよね。

川上　東西線に残っている05系が最後だよね。もしかすると、ツーハンの最後の世代になるのかもしれません。

久野　最近の車両で難しいと思うところはありますか？

川上　ホームドアが整備されているので、今の若い人たちは大変だろうなって思います。

久野　どんなところが大変ですか？

川上　東西線は手動運転なので、停止許容がよりシビアになって難しいんです。

池田　ホームドアは大変です。ワンマンは、一人で何もかもをしなくてはいけない。非常時も対応するのは一人きり。はじめはとっても不安だと思います。

久野　ワンマンをやってみたいとか思いますか？

齋藤　大変だろうけどやってみたいなというのはあります。

久野　夢だった電車の乗務員業務のすべてを一人でやるわけですもんね。

川崎　自分が運転している以外の路線にはやはり興味ありますね。別の世界も見てみたいなって。

「若い世代から学ぶことも多いですよ」

池田　見習いの時、川崎は車庫試験が非常に苦手でね。職場の中でも「彼は大丈夫かな」という雰囲気があったんですね。そこで上司が電車を借りてくれて、特別に練習をさせてもらったことがあったんです。だから受かった時は自分のことのようにうれしかった。しかも一番優秀な成績で（笑）。

齋藤　私はハンドル試験の日に東西線の中野駅でポイント故障があり、高田馬場と西船橋で折り返し運転・快速運転中止となり、ダイヤが乱れてしまったんです。

川上　試験が延期になる可能性もあったんだよね。

齋藤　その日、師匠は明け番だったんです。自分が試験に向かうまでずっと待っていてくれて、声をかけてもらったのが印象に残っています。どの電車で試験をするのか決まっていない状況だったのですが事務所を出ていく時に「行ってこいよ」って。その一言で勇気がわきました。

久野　覚えていますか？

川上　もちろん。普通にしていれば大丈夫だと思っていたけど、いつもと違う精神状態になってしまったらどうしようって。でも、最近の若い子は肝が座っている。さすがですよね。

池田　若い世代から学ぶことも多いですよ。師匠も日々勉強です。

川上　最近の子たちはとにかくすごく勉強してるなって思いますね。「このマニュアルを覚えてこい」って言ったら、すべて完璧に覚えてくる。僕らの時代も一応は覚えましたが、そんなレベルじゃない。

久野　最近の若手は優秀なんですね！

池田　僕たちも若い頃は優秀って言われてたと思いますよ。

川上　そうですね（笑）。まだまだ若い人たちに負けてるわけにはいかない。

川崎　師匠たちには勝てる気がしないですよ！（笑）

久野　いやぁ……！　師匠とお弟子さんの確固たる信頼と絆に感銘を受けました!!　お弟子さんたちもこれから新しい運転士さんを育てていくはず。師匠の教えが受け継がれていくのを、楽しみにしています!!

あんず幼稚園

園長
羽田 二郎さん
Jiro Hata

前園長
松永 輝義さん
Teruyoshi Matsunaga

電車の中で普段は遊べないけど 幼稚園に来れば遊び放題

埼玉県入間市・仏子駅から徒歩5分にある「あんず幼稚園」。
その園内には、かつて丸ノ内線を走っていた
全長18mもの「赤い電車」が保存されている。一体なぜ、幼稚園に電車が？

園に入ると突如現れる真っ赤な電車。廃車となった丸ノ内線の車両が、思わぬ形で地域の人々や子どもたちに愛され続けています。あんず幼稚園に通うからこそ叶う遊びがココに……!?　今回は30年前、実際に電車を購入した前園長の松永先生と園長の羽田先生にお話を伺ってきました！

PROFILE

埼玉県入間市で、学校法人アプリコット学園が運営する「あんず幼稚園」。1991年設立。園内に「赤い電車」の愛称で親しまれた丸ノ内線400形440号を保存している。少人数制保育を実施しており、園内には子どもたちが作物を収穫できる畑がある。木製遊具もあり、自然に囲まれた幼稚園。

偶然見つけた〝丸ノ内線譲ります〟のチラシ

松永　電車を購入したのは、91年の3月。今から30年前のことです。

羽田　幼稚園の開園と同時でしたね。

松永　購入したのは偶然なんですよ。以前私は、ある出版社の発行している雑誌の編集委員を担当していたことがあり、その出版社が本郷にありました。そこへ行く時に丸ノ内線を利用していたのですが、たまたま丸ノ内線の池袋駅切符売り場に〝丸ノ内線譲ります〟ってチラシがあったんです。それでチラシを持って理事長に「電車を1両欲しいです」と相談したら、「買えば?」って。即決でしたね。

羽田　安かったですよね。

松永　一両40万円。消費税3万円で合計43万円でした。運搬費は結構かかりましたけど。

羽田　ちょうどこの幼稚園を開園するにあたって、松永先生と一緒に「電車を集めれば幼稚園できるよね」って話はしていたんですよね。

松永　元々「電車に乗れるような幼稚園っていいな」と夢見ていました。電車だけの幼稚園。

羽田　電車を部屋にしちゃって2、3両あれば幼稚園ができるだろうと。

松永　でも、その形では認可が出ないということに

30年前の面影を残す車内。落ちても痛くないように、床はすべて畳敷きに。吊り革にぶら下がったり、荷物棚に登ったり、遊び方は無限大。

夜中の3時くらいですよね「あぁ来たな」って感じでした

なって……それで車両を購入して外に置くことになったんです。

トレーラーで真夜中に運び込む

松永　理事長は「買えば」って言ったんだけど、それからが大変。どうやって運ぶか？　線路工事して、台車も置きたい。打ち合わせと下見を重ねて、運び込んだのは真夜中。雨が降る寒い夜でした。青梅街道から国道16号、そして県道に入ってこの場所へ運んできて。

羽田　夜中の3時くらいですよね、16号を通ったのは。

松永　そうそう。車両が17メートル50センチだから、20メートルのトレーラーに載せて。あと大型トラックが3台と先導車が1台。60万円くらいかけて台車も車輪も全部はめて運んできました。

羽田　ここに着いた時には雨が止んでいましたね。朝方になってから40トンのクレーン車で吊って運び入れて。当時幼稚園の敷地は茶畑だったから、あれだけ大きいものが入ったんです。「あぁ来たな」って感じでした。

松永　これだけの大きさのものが来るって画期的なことだからね。その日のことはよく覚えてる。迫力がすごかった。

「電車に乗れるから幼稚園に行きたい」

松永　実は電車が来てから、幼稚園の中でどういう風に使うかを考えました。

羽田　最初は「図書室みたいな形で使えればいいね」って話だったんだけど、夏場は鉄だから車内が暑くなりすぎてしまって……それで図書室にするのはやめて、子どもが入って遊べるようにしました。

松永　落ちても痛くないように、床には畳を敷き詰めました。椅子も板を使って自分たちで手作りして。車内で弁当を食べたり、絵を描いたりもできるようにしました。

羽田　みんなよく遊んでますよね！

松永　子どもたちは運転席に入るのが好きみたい。過去に幼稚園を嫌がる男の子がいたんです。でも電車に連れていって運転席に入ったら、大喜びで。「電車に乗れるから幼稚園行くんだ」って、幼稚園を好きになった。そういう子もいましたね。

羽田　やっぱり電車は子どもにとって魅力ですよね。「電車の中に入りたい」ってみんな言いますから。だから普段は開放して好きに入れるようにしています。

松永　運転席が両方にあるのは珍しいでしょ？　当時営団地下鉄の方が選んでくれたんですよ。

電車が納車された当時の写真。以前は茶畑だった幼稚園のグラウンドに、クレーン車に吊られ運び込まれた。まだ周辺に家がなかった時代。

羽田　その価値がよくわからないんですよ、我々は（笑）。でも、電車が好きな方たちが来て写真を撮影された時に「これは珍しい」と言われて。「あ、そうなんですか」って（笑）。

握力・腕力が育つ理想的な遊び場に

松永　昔は木登りで握力や腕力が育ちました。実はその力を鍛えるうえで理想的なんです、電車の車内は。吊り革渡りに吊り革で逆上がり。

羽田　上の荷物置き場に登れる子どもは落ちないんです。体の力があるから。

松永　遊んでいるうちに、握力や腕力がナチュラルに育つ。自分の命を守るためにも大切な力です。高い所で火事になって逃げ出す時も、握力と腕力がなかったら逃げられないでしょ？

羽田　ちょうど30年前は公園に行っても木登りはダメだとか、雲梯（うんてい）とかそういうものがどんどんなくなっていた。子どもの腕力や握力が育つ場がなかったので、そういう意味ではいいよねって。実際の電車ではやってはいけないですが、ここならできます。鉄道好きの方には申し訳ないけど（笑）。

松永　これまで1000人を超える園児たちが電車と共に育っていきました。1期生は35歳だね。中にはここで先生してる子もいます。

羽田　卒園生で東京メトロへ入社した子もいますよ！

松永　結局、この電車があるっていうことはすごく知れ渡って「電車の幼稚園行きたい」とかそういう声はよく聞きますね。御父兄からも「電車があるのが魅力で」って言われたり。電車の中で普段は遊べないんだけど、幼稚園に来れば電車の中で遊べますから。

羽田　この地域は移動がバスよりも電車。西武線を使いますから、子どもにとっては日常の生活で電車

吊り革遊びは子どもの腕力・握力を自然に培ってくれる。ブロック遊びや積み木もできる、遊び方を問わない車内は出入り自由。

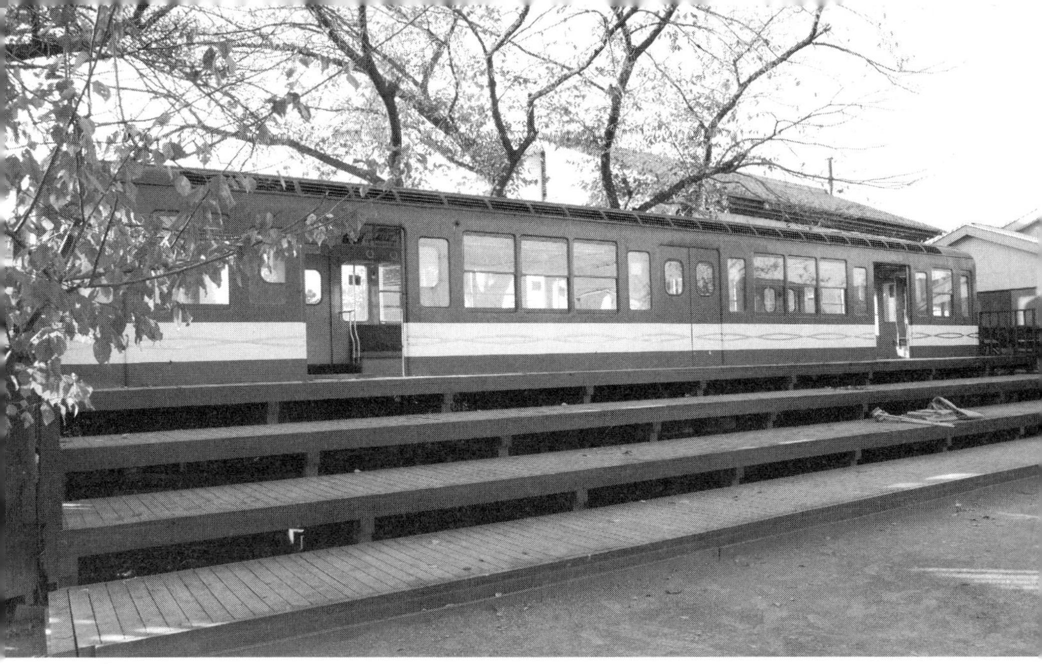

電車の前にある 4 段のデッキ。コンサートやダンスができる野外ステージに変わる。

が身近にあるんだろうなと思いますね。電車ごっこをよく見かけるから。

松永　本物だから、ごっこじゃないけどね（笑）。子どもにとっては相当魅力的でしょう。

羽田　そろそろ塗装の塗り替えをしないといけない時期ですね。

松永　維持していくのには塗装が大変。あと、プラットホームも。

羽田　電車の前に木製のデッキを置いたんですよね。

松永　そこでコンサートを開いたりします。野外ステージにもなるんです。

羽田　ずーっと手入れしながら、大切にしていきたい。電車は園のシンボルですから。

メトロで夢を実現させた2人に話を聞きました。

世界にメトロを広げる!

東出 有輝さん

牛田 貢平さん

運転士になる!

東京メトロで念願だった夢を実現させた鉄道マンがいます。
芸能マネージャーから運転士への転身。
さらには世界でメトロを開業させた人まで。
そこに至るまでの道のりや想いをたっぷり聞きました。

経営企画本部国際業務部

牛田 貢平さん

KOHEI USHIDA

世界へ鉄道の輪を広げる夢を実現！改めて日本の鉄道の素晴らしさを実感

夢を1叶えた人

東京メトロ勤続37年の牛田貢平さん。運転士やダイヤ作成などの仕事を続けていくうちに、「自分が関わった路線の開業を見届ける」という新たな夢を抱く。そしてこの夢は、日本を遠く離れた東南アジアの地で花開くことになった——。

仕事でハノイに滞在中、国鉄ハノイ駅近くの軌道内で営業していたカフェで撮影した1枚

BSフジ「鉄道伝説」でインドネシアにお嫁入りしたメトロ車両に会いに行った際、現地の方に「日本の車両は優秀。今度、日本人が新しい鉄道を作ってくれる」と褒められたのを思い出しました。その立役者である牛田さんにお話を伺えるとは……！人生をかけて東京メトロの海外事業を背負う覚悟や気概、何事にも真正面から立ち向かう姿。尊敬の一言です！

PROFILE

1965年、千葉県出身。幼少期から電車の運転士を志し、高校卒業後の1984年に帝都高速度交通営団（現・東京メトロ）に入社。入社6年目の1989年、運転士の免許を取得し千代田線に乗務。その後、総合指令所での列車の運行管理業務や、本社運転部輸送課での輸送計画（ダイヤ）作成業務、研修センターでの乗務員養成業務などを経て、2013年よりハノイやジャカルタ、ホーチミンでの海外技術支援業務に従事。現在は、経営企画本部国際業務部に所属。

物心ついた頃から電車が大好きでした。幼少期は電車のおもちゃにまたがり、運転士気分で1日中家の中を駆けずり回っていました。もちろん、憧れの的は鉄道員、将来の夢は電車の運転士さんであり、持っていたおもちゃや絵本も電車一色でした。

鉄道に関しては、人生の転機が2回ありました。最初は高校時代。思春期にありがちな迷いの中で、自分探しの旅に出たんです。当時は国鉄末期の頃で、各地の赤字ローカル線が次々と廃線になっていました。そこで目にしたのが、映画『鉄道員（ぽっぽや）』に出てくる高倉健さんのような鉄道マンの姿でした。もし自分がこの列車に乗っていなければ、乗客はゼロだったかもしれない。それでも地域の足を支えるために、その裏側では、こんなにもたくさんの人が決められた仕事を滞りなく確実に行い、そうして列車って動いているんだなって思った時に、子どもの頃からの夢が、自分の中の明確な目標になったんです。鉄道マンになりたい。高校を卒業して今の会社に入りました。

次の大きな転機は、入社して3年ほど経った時のこと。仕事に疲れて帰宅後、自分をリセットしようと思い本棚に手を伸ばすと、そこには鉄道の本しかない（笑）。以前は電車の写真やローカル線の綺麗な写真を見るとワクワクしていたのに、鉄道の本を開くのすら嫌になってしまった……。自分にとって鉄道は「大きな責任を伴う仕事」と悟った瞬間、趣味としての興味が急になくなってしまったんです。

でも、仕事としての面白さを感じるようになったのはそこからなんです。今まで趣味の対象として見ていたものが、「この電車の安全対策は？」「乗務員の取扱いは？」などと考えるようになりました。その結果、途中で折れることなく「運転士になる」という最初の夢を叶えることができました。

利用者が存在に気づかない状態が一番いい

私は昭和63年に運転士見習いとなり、千代田線に配属になりました。8カ月間の厳しい研修を終えて免許を手にした時、時代は平成になっていました。

見習いの時、研修センターの先生から言われたことを今でも覚えています。「もし運転士になって気持ちが沈むことがあったら、地上に出てカーブしているところで、運転席から顔を出して後ろを見てごらん」って。千代田線は10両編成なので、自分が運転している電車が２００メートル後ろまで連なっているのが見えるんですよ。「自分の判断でこんなに大きな物を運転している。そんな風に考えてごらん」って言われたんです。これって、「自分の仕事に自信と誇りを持て」という言葉だったんですね。

乗務員になると、トラブル発生時やダイヤが乱れ

あんなに好きだったのに、
鉄道の本を開くのすら
嫌になってしまった

た際、無線で指令から様々な指示を受けます。このため、「指令の仕事は大変そうで嫌だな」と思っていたら、なんと指令に異動の辞令が！　でも、実際にやってみると、これが楽しくて仕方なかった!!

指令の仕事に必要とされるのは、経験と総合的な判断力。トラブルに対する処置はある程度の決まりごとはあるのですが、すべてがセオリー通りに行くとは限りません。現場からの情報を整理・俯瞰して状況を冷静に判断した結果、そこで下した臨機応変な指示がビンゴだった時の快感が堪らなかった！　こんな刺激的な仕事、私は定年までやってもいいなって思っていました。（注：当時32歳）

社会インフラの一つである鉄道は、「正常に機能して当たり前」。言い換えれば、列車が毎日正常に運行され、お客様が我々の存在を全く意識することなくご利用いただいている時が、私達の仕事が一番うまく回っている時なのだと思うのです。

“刑期”を模範囚で終える!?

指令の仕事をしていた時、「スジ屋はちゃんと現場の状況を見てダイヤを作っているのか！」などと偉そうなことを毎日言っていました。するとある日、上司から呼ばれました。「お前は異動だ」と。今度はどこですかと聞いたら「スジ屋だ」と。

人事異動でスジ屋を卒業する時は、関係各社のスジ屋に対し「無事に刑期を満了し出所します」と挨拶をするのが慣例になっているくらい、ハードな仕事として知られていました。だから、そこに異動するのは本当に気が重かった……スジ屋になった当初は、毎日、こんなコトばかり考えていました。「この世に電車なんか走っているからダイヤがあるんだ！」「あぁ、1日も早く出所したい……（涙）」。

スジ屋に着任後、私は指令室での経験から、「遅れに強いダイヤにすべき」と言ったのですが、周囲の反応は冷ややかでした。異動して来たばかりで、まだロクにダイヤの作り方も知らないヤツにそんなコトを言われたら、先輩も怒りますよね（苦笑）。そして、「お前の考えが正しいなら、数字と結果で出してみろ」って言われてカチンときました。もう後には引けません。ここは何としてでも結果を出さなければ、どうにも格好がつかない。もちろん、勝算なんかゼロです。でも私は、「すべての答えは必ず現場にあるはずだ」って考えていたんですね。

当時は東西線の遅延が問題になっていました。私は沿線に住んでいたので、通勤時間を利用してラッシュ時間帯のすべての列車に乗り、遅れの発生状況を詳細に調べました。そして、秘かに温めていた新たな概念である「遅れの質の指標化」を行い、これに基づき東西線のダイヤを見直した結果、自分でも

指令の仕事に必要とされるのは経験と総合的な判断力

驚くほど遅れが減ったんです。単にダイヤを修正しただけではなく、社内各部門の協力があって成し得た結果であることは、言うまでもありません。

「列車の遅れ」は、その性質により次のように分類されます。例えば、お客様の乗り降りに時間がかかった等の理由で、その列車自体で発生した遅れを「一次遅延」と言います。それに対し、前の列車で発生した一次遅延の影響により、後続列車に発生した遅れを「二次遅延」と言います。電車に乗っていると「前に電車が詰まっているので、しばらくお待ちください」というアナウンスを聞くことがありますよね？　あれこそが二次遅延の正体なんです。

運行管理の視点で言えば、同じ一次遅延でも後続列車に二次遅延を発生させない場合は、1分の遅れでも大きな影響はありません。でも、これが僅か10秒の遅れであったとしても、後続列車が前の列車の赤信号を見て速度を落とし、その結果、後続列車に二次遅延が発生するとしたら話が変わります。

私は大学と共同で、この二次遅延がどの部分で発生し、ダイヤのどこをどれだけの幅で修正すれば改善できるかを判断するための指標を考案したのです。この論文は2011年に海外で発表したところ、大きな反響がありました。

私のメトロ人生で最長となる9年の刑期を終えた後、弊社の研修センターに異動し、運転士や車掌を養成する学科の講師を2年やりました。「運転理論」という科目を担当しましたが、これはスジ屋の仕事を通じて得られた知識が役に立ちました。そして、講師経験を通じて身につけた「伝える力」が、後の海外技術支援業務で活きてきます。

ジャカルタで〝元カノ〟と劇的な再会

2013年に弊社が本格的に海外技術支援業務に乗り出したのを契機に、私はその担当部署に異動しました。この時、列車運行の専門家として要求されたのは、「運転士」「指令室での運行管理」「ダイヤ作成」「乗務員養成」のすべての業務を経験した人だったのですが、その条件を満たしている社員が、当時社内には私しかいなかったんです。

最初はハノイのプロジェクトに従事しました。この中で私は、「自分が関わった鉄道が開業するのをこの目で見届ける」という新たな夢を抱いたんです。その夢はジャカルタで実現することに。

初めてジャカルタに行ったのは、2014年3月のこと。翌月からの短期赴任の準備だったのですが、滞在先近くの駅に行ったら、まるで私を待っていたかのように、反対側のホームに弊社6000系の6106F編成が入ってきた！　この電車、免許を取る際の技能試験で運転した、私にとって元カノの

国内外を問わず、
多くの鉄道会社にはジンクスがあります。
それは、そこに人が介在している証

ような特別な存在なんです。「お前、東京を去ったと聞いたけど、こんな異国の地に来てたのか！」なんて思ったら、涙が出てきてしまって……横で女房が唖然としていましたよ（笑）。でも、私が新たな夢を叶えるために初めてジャカルタを訪れた時に、私の最初の夢を叶えてくれた電車が迎えてくれた……なんか、不思議な縁を感じましたね。私にはそれが、彼女からのエールのように思えたんです。

その後に乗った別の列車内で、インドネシア人が「あなたは日本人か？」って声をかけてきたんです。一緒にいた通訳さんが「彼はジャカルタにＭＲＴを作るために日本から来たんだよ」と言ったら、「おぉ、そうなのか！」って。そうしたら、電車が駅に止まる度に降りる人が私のところに来て、「日本から来てくれて、ありがとう！」って次々と握手を求められたんです。この時、「自分が30年やってきたのはこういう仕事なんだな」って、自分が日本の鉄道マンであることを誇らしく思ったんです。

２０１９年3月、ジャカルタのＭＲＴが無事に開業を迎えました。ジャカルタの人々が嬉しそうに列車に乗っているのを見た時は、感無量でしたね。ジャカルタでは運行計画の策定や、現地スタッフに対するダイヤや乗務員の勤務シフトの作成に関する指導など、6年間にわたり従事しました。

そういえば、多くの鉄道会社にはジンクスがあります。例えば、指令室内で「今日は静かだ」と発言した途端にトラブル発生の一報が入るとか。私は海外で人に教える際にはこの話を持ち出し、こう言うんです。「ジンクスがあるのは、そこに人が介在している証。つまり、鉄道を安全に動かす要は、最新のシステムではなく〝人〟なんだよ」ってね。

私の最初の夢は運転士になることでしたが、その後、時にはつらい思いをしながらも様々な経験を積んだからこそ、「自分が関わった鉄道が開業するのをこの目で見届ける」という新たな夢を叶えることができました。なんだろう、とても恵まれた鉄道人生だなって思うんです。

世界を股にかけて地下鉄の普及に努めてきた牛田さん。東西線・葛西駅そばにある地下鉄博物館の「日本と世界の地下鉄コーナー」の前で著者と撮影。

運転士

東出 有輝さん

Yuuki Higaside

夢を2叶えた人

芸能マネージャーから運転士に華麗なる転身

地下鉄の車内で偶然見かけた求人広告をきっかけに、子どもの頃からの憧れだった運転士という夢を叶えた東出さん。前職の芸能マネージャーからいかにして転身をはかったのか。著者・久野知美と、『タモリ倶楽部』(テレビ朝日)でも共演経験のある盟友・南田マネージャーが迫った。

この書籍企画が決まった時から絶対! お会いしたいと思っていた東出さん!! その願いが叶いました♪ 久々の再会に取材前後も「2000系は優秀すぎて……(東出さん)」「タレントと一緒ですね。笑(南田)」などお二人の話はノンストップ! 今でもこんな企画を番組で作りたいと思う瞬間があるそうで、マネージャーさんの片鱗も。今度は番組ロケでご一緒させてください♪

PROFILE

1977年、東京都出身。芸能事務所でマネージャー職を務めた後、2006年に東京メトロに入社。現在は、丸ノ内線乗務管区中野運転事務室勤務。タモリ電車クラブ(会員No.5)

久野　かつてマネージャーをされていた東出さん、そして今も芸能界を支える南田マネージャー。タモリ倶楽部で交わった二つの人生ですが、その後の目的地は全く違うものになりました。それぞれの路線をひた走る二人の話をたっぷり聞けたらと思います！

東出　光栄です。

南田　お久しぶりです。「東京メトロの東出です」と挨拶された時に「うわ！」って思いましたね（笑）。

東出　（笑）

久野　運転士になられてからの方が、マネージャー人生より長いってことですよね？

東出　サンズは3年、その前のイエローキャブが1年半なので。あっという間に時間が過ぎてしまいました。

南田　仕事がつらかったとかですか？

東出　いえいえ！　まだ若輩だったのでうまくいかないことはたくさんありましたけど、それ以上に周囲の方に影響を受けたのが大きかったんです。芸能関係の方って、好きでやっている人が多いなって。それがまぶしくて、自分も本当にやりたいことをやろうと。

久野　素敵な動機！　どうやって応募されたんですか？

東出　南北線で「東京メトロ社員募集」の広告を目にしたのがきっかけでした。

南田　あの制作会社に行く途中？（笑）。

久野　ハウフルスさんですね（笑）。

東出　多分、その辺です。市ヶ谷から麻布十番への移動中に見かけたから。それがずっと心に残っていて、数日後に当時の彼女に相談したら「受けなさい」って強く言われたんです。それが今の奥さん。

久野　素敵!!　とはいえ前職に対する未練はなかったですか？

東出　やはり、運転士や車掌には憧れていましたし、東京メトロも大好きでしたから。それに南田さんが「鉄道は毎日当たり前のように動いているから素晴らしい」って言っていて、本当にそうだなって思っていたんですね。僕もその一員になれたらもっと充実した毎日が送れるんじゃないかなと。そういえば社内報見ましたよ。

久野　南田が載っている社内報を東出さんが見るというのは不思議な感じ（笑）。

南田　やはり縁があるんでしょうね。

『タモリ倶楽部』が結んだ縁

久野　芸能界での一番の思い出は？

東出　『タモリ倶楽部』さんに出たことは忘れられないですね。タレントを売り込むために自分も出るっていう形になって……。

タモリ倶楽部出演をきっかけに鉄道が好きだって改めて自覚しました

久野　自分が出てタレントを売る「南田方式」（笑）。

東出　あの頃はそこまで考えて仕事はできていなかったです。何人かに「鉄道タレントはどう？」って声をかけたけど、「嫌だ」って。人望がないんでしょう（笑）。その路線を開拓した南田さんはやっぱりすごいなって。

久野　2005年に初めてのタモリ倶楽部にご出演。その頃、南田さんはホリプロ何年目ですか？

南田　僕は98年入社だから7年目かな。最初に出たのは、優香のマネージャーだった頃。

久野　〝アイドルオタクの南田くん〟みたいな企画でしたよね（笑）。

南田　最初はね。その後、2005年の11月に東出さんと「埼京線ダービー」の回に出ました。

久野　私は昨年、念願叶って初めてタモリさんとご一緒させていただいたのですが、当時東出さんの印象はいかがでしたか？

東出　すごく気さくに話しかけてくださったので、あとはやっぱり鉄道好きを隠していたので、それが吹っ切れたのもあの番組のおかげだったりします。それをきっかけに鉄道が好きだって改めて自覚しました。

南田　鉄道模型の聖地巡礼も行きましたね。

東出　KATOさんに行きましたね〜。

南田　思い出した。僕が電チラクイズで負けたんだ。

久野　電チラ！　模型で？　どんな企画だったんですか？

南田　模型を走らせて、10センチくらいの隙間から一瞬見える列車の形式を当てるというヤツです。

久野　「メトロ6000!!」みたいな？

東出　いや、もっとマニアックでしたね。なんとか線の205系とか。

南田　東出さんが商品名までピシッと当ててたんだよ。僕は国鉄の183系かなって言っていたんだけど、「189系」って。

東出　当時、KATOさんが出したばかりの新製品だったので、これは出るなと。

南田　正解を連発していたら、今度は205系の4両編成が来て、それがなんと1両ずつ車両の帯の色が違うんですよ。仙石線とあとはなんだっけ。埼京線が4両目だったのは覚えているんですけれど……（笑）。

東出　すごいですね（笑）。

久野　鉄道のことは覚えてるんですよ、この方（笑）。

鉄道マンとなって劇的な再会

南田　そんな東出さんとは東京メトロの地下鉄のロケで再会します。

久野　タモリ電車クラブの直通電車を走らせた時ですよね？

東出　そうです。メトロ80周年ですかね。

南田　それで綾瀬でお会いしたんですね。その当時は車掌さんでしたっけ？

東出　あの当時は駅勤務ですね。まだ入って1年目ぐらいでしたから。

久野　タモリ電車クラブとしては、ご卒業してからもチョイチョイお声がけがあって……！

東出　そうですね。あとは副都心線の開業の回の2回だけですね。

南田　副都心線の時は和光から乗って、途中駅で1回降りてダイヤが欲しいって言ったんですけれどもらえなかったんです。

久野　どういうことですか？

南田　1日だけのダイヤグラムがあったんですよ。それはもういらないですよねって聞いたら「いや、あげませんよ」って（笑）。

東出　本当ですか（笑）。僕はもらいましたよ。

南田　えーそうなんだ。

久野　東出さんの例があるので、私が懸念しているのは「僕も卒業して鉄道会社に入ります」っていつ南田が言い出すか（笑）。いつもソワソワしています。ちなみに、それぞれやっぱり意識はしています？

東出　もちろんテレビでよく拝見しています。

南田　僕は東出さんの電車には1回も乗ったことがないですよ（笑）。

東出　僕のいる丸ノ内線だと、出会うのは200分の1ぐらいの確率ですかね。

南田　じゃあ、いつか会えるのかな。

エンタメ業界と鉄道の共通点

東出　運転士っていうのは、例えばくまモンの中の人というか、そこにあるのが当たり前なんですけれど、目立たない存在でいなくてはいけないんだと思います。

南田　例えばマネージャーがタレントを売り出したりする、いわゆる裏方ですよね。その辺は近しいのかなと思ったんですけれど。

東出　そうですね、僕だったらタレントを時間通りに送り届けるとか、そういうところですかね。大切なのは安全に運ぶこと。

南田　楽屋を暖めたりね。

東出　出庫前に点検をしっかり行って冷房や暖房を入れたり、いまだったら窓を開けてとか。

久野　よく鉄道好きな方は、面接で落とされるという都市伝説がありますが……？

運転士っていうのは、例えばくまモンの中の人というか、そこにあるのが当たり前の存在でいなくてはいけない

南田　鉄道好きかどうかは入社の時にはあまり関係ないらしいよ。単純に、この人と働きたいかどうかだけらしい。僕もアイドルが好きだったけどホリプロに入れたし。（隠していましたが……！）

一同　爆笑。

東出　でも、鉄道好きでよかったです。おかげで鉄道に関する質問を受けることもあって、最近は後輩に軸重のことを聞かれました。

久野　軸重とは！　これはまたコアな質問（笑）。

東出　車軸にかかる重さなんですけれど「なんでこういう仕組みになっているんですか？」「それは軸重が動いてしまうから、こうなっているんだよ」って。あとマニアックなところでいうと、海外の鉄道に興味があってよく動画を見るんです。最近は車内で英語のアナウンスを行う機会が多いので、実際の車内放送にも活用できていますね。

久野　いずれ目指すは管区長ですか？

東出　いやいや。でも、会社全体を見ていかないといけないって、すごく感じています。こういう事業部があって、こういう役割があってそれぞれの仕事を遂行しているから、会社と電車が動いているというのを俯瞰して見ないといけないんだなと。だから、この本は現場の人が見ても役に立つなって思います。

久野　そうおっしゃっていただき光栄です！　もし、微力ながら皆さまのお役に立てるなら幸せです。

東出　僕は子どもの頃、丸ノ内線の一番前に乗って風景を見るのが好きだったんですね。中でも一番好きだったのがサンシャインが見える地上区間。それが今でも強く記憶に残っていて、運転している時にサンシャインが見えると、そういえば30年前の僕は客席から見ていたんだなって。その度に感慨深いものがありますね。小さい頃の気持ちを忘れないように、これからも安全運転を心がけたいと思います。

南田　いい話だ。涙が出そう。

久野　ありがとうございました。南田さんが第二の東出さんになったら、私は困っちゃうんだけれどなぁ（笑）。

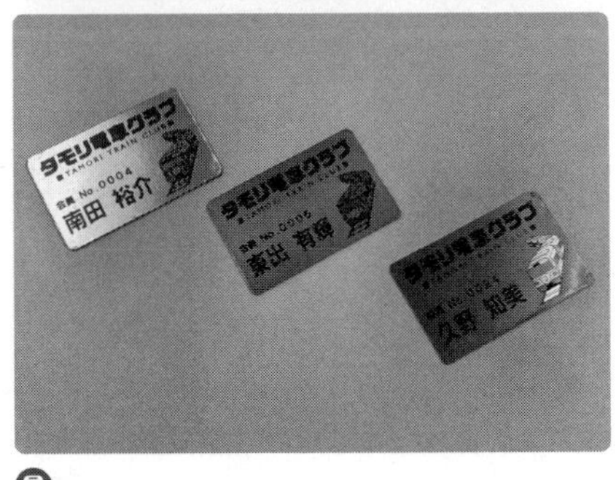

テレビ朝日「タモリ倶楽部」への出演経験があり、同番組でも屈指の人気を誇るタモリ電車クラブ企画で見事に会員となっている3人。東出氏と南田氏はゴールド会員、久野氏は2020年5月放送の回で本会員（メタリックピンク会員）となった。

土屋礼央（RAG FAIR／TTRE）緊急参戦！

東京メトロのスジ屋さんに聞く ダイヤのヒミツ！

年に一度鉄道ファンもそうでない人も注目する大きなイベントといえばダイヤ改正だ。今回は鉄道・地下鉄をこよなく愛し、「ダイヤ改正の半分以上は優しさでできている」と公言してはばからない企業努力鉄のRAG FAIR・土屋礼央さんにも参加いただき、東京メトロのスジ屋さんに様々な疑問を直接ぶつけてみた。

土屋礼央さん

1976年9月1日、東京都出身。2001年RAG FAIRとしてデビュー。紅白歌合戦に出場するなどアカペラブームの立役者となる。また鉄道好きが功を奏してテレビ朝日『タモリ倶楽部』にも多数出演。現在は、TBSラジオ「赤江珠緒 たまむすび」木曜レギュラー、NACK5「カメレオンパーティー」、NHKラジオ第1「鉄旅・音旅 出発進行！音で楽しむ鉄道旅」にレギュラー出演している。雑誌『ダ・ヴィンチ』連載のお悩み相談エッセイが待望の書籍化。『ボクは食器洗いをやっていただけで、家事をやっていなかった。』がKADOKAWAより3月3日発売。

スジをひく人

東京メトロ鉄道本部運転部輸送課長

米元和重さん

時刻表は日本の解体新書

久野　礼央さん、今日はよろしくお願いいたします。改めてお聞きしますが、礼央さんの鉄のジャンルは……？

土屋　基本的に企業努力鉄ってタイプでございます。各鉄道会社の経営とか、この人件費でこれだけすごいサービスを提供しているんだとか、そんなことに興奮するタイプなんです。

久野　そんな礼央さんの名言が……！

土屋　「時刻表は日本の解体新書」。鉄道は日本に流れる血流なんです。それだけの血が流れているから日本は生きている。そして、時刻表というのは健康診断の目指すべき数値だと。日本がより健康になるために常に更新されていくわけで、その根っこにあるのがダイヤだと思っています。だから今日は感謝しに来たんです。日本を元気にしてくれてありがとうございます。

久野　言いたいこと全部言い切りましたね（笑）。

米元　電車の動きはその数値に凝縮されていると言っても過言ではありません。1分変わると、1億人の皆さんの動きが変わる。私たちはただ単にダイヤ改正するのではなく、人の人生に影響を与えるんだということを頭に入れながらスジをひかないといけないんです。

土屋　それぞれが違う人生なのに、時刻表が変わるだけで全体の動きがスムーズになる。全員の人生を幸せにすることができるってすごいですよね。

米元　ダイヤ改正をすると、必ずといっていいほどお客様からご意見が届きます。今まで大体同じ電車に乗って同じ号車に乗って「俺はあの席に座るぞ！」と決めている方は、1分でも時刻を変えられると気持ちが悪いわけですよ。毎日のルーティーンが変わってしまいます。でもやがて慣れて馴染んでしまうんですね。また新しい自分のストーリーというかルーティーンができるので納得されるんですね。

久野　ダイヤ改正をするときのポイントは混雑率ですね？

米元　そうです。車内、ホームの両方ですね。

土屋　実地調査のように混雑時間帯に乗られることもあるんですか？

米元　現場に見に行きます。例えば8時10分から15分までが混んでいるということ

> 人生に影響を与えるんだということを頭に入れながらスジをひかないといけない

だと、そこを何とかしなければいけないので。

複雑なのは乗り入れしている路線

土屋 ダイヤ改正は半年に1回の楽な仕事だって言う口の悪い人がいるとかいないとか（苦笑）。

米元 社内でも言われます（笑）。年に一度の改正なのに、なんでこんなに担当者がいるんだって。

久野 何人でやっているのですか？

米元 私が本社に来た頃は1人2路線でしたが、現在は1路線1人が担当しています。メトロは9路線ありますが、有楽町線と副都心線が一体化していますから、そこは1路線として考えて、8路線8名です。

土屋 今はメトロの職員はトータルで1万人弱。その中の8名ということは精鋭なんですよね。

米元 おっしゃる通りでメトロの社員でダイヤを作成できるのは私を含め9人しかいないんです。だから、私は常々1000人分の責任があるんだよと言っています。

土屋 ところで、完成したダイヤがベストだから改正しないという選択肢もあるんですか？

米元 ありますね。1年、2年経過してもわからないことも、10年経てば動きが変わります。ダイヤは生き物ですし、ダイヤ改正は未知数なんです。

土屋 ダイヤを考える上で複雑なのは、やはり乗り入れている路線ですか？

米元 そうですね。弊社で一番複雑なのは副都心線です。メトロは渋谷—和光市区間しかないんですが、そこから先は直通運転をしておりますので。

久野 現在は部署の統括をされていると伺いましたが、最初はどこを担当されたんですか？

米元 私は平成8年に本社で日比谷線を担当しました。新人はだいたい銀座線からスタートします。網タイツみたいに均一なダイヤなので比較的わかりやすいんです。相互直通運転を行っていないので。たとえば東武さんや東急さんとの交渉も必要ありません。日比谷線は他の会社と交渉をしないといけませんから。

スジ屋さんに求められる交渉術

久野 交渉ってどういうことですか？

米元 他社との協議や調整ですね。例えばダイヤが北千住で合わなくなります。ここで1分何とかなったら、ここがつながるとか。

土屋 その1分のために交渉をする？ どこの誰と交渉されるんですか？

米元 直通運転先の鉄道会社さんです。例えば北千住には東武から電車が来ますけれど、ダイヤが直通、直通、（東京メトロ）始発、（東京メトロ）始発だと、バランスが悪いんです。基本は交互にしないといけないし、直通電車に混雑が集中してしまいます。先方と協議をして、バランスのいい形にダイヤを修正します。

久野 乗り入れしている鉄道会社さんの路線ダイヤもある程度は把握しないといけないんですね！

米元 もちろんそうですね。相互直通運転をしますと、他社のダイヤだけでなく折り返し駅も知らないといけません。

久野　たとえば二子玉川に楽天の本社が完成して、人の流れが変わりました。

米元　あそこは東急さんのエリアですが、メトロも直通しているのでダイヤ的には大事です。今までは渋谷に向かってくる列車を増やしていたのですけど、二子玉川方面へ電車を増やす協力依頼はありました。

土屋　他社との交渉はどなたがされるんですか？

米元　基本的には担当者です。会社としてキチンと守るべきところは当然ありますが、お互い持ちつ持たれつです。

混雑率を下げる「おいしい列車」作戦

久野　スジをひいている方は他の部署に行くこともあるのですか？

米元　あります。専門職ではないですから。

土屋　専門職じゃないんですか!!　入社以来一筋みたいなイメージをもっていました。

米元　私たちはあくまで会社員なんです。ダイヤ改正には2通りあります。延伸や工事の計画などが決まっていて、何年も前から着々と計画するもの。もう一つは定期的な改正です。

久野　一般の会社だと、前年比X%みたいな営業目標があるじゃないですか。スジ屋さんもそういうプレッシャーはあるのですか？

米元　混雑率はなかなか改善できませんから、最大の目標は一番混んでいる列車の混雑率をいかに下げるかということですね。

土屋　具体的な作戦とかあるんでしょうか。

米元　混んでいる電車以外に「おいしい列車」を作ります。途中駅発の急行を増発して、そっちに乗車していただける工夫をしたり。

久野　急行を1時間に1本増やすことで、どれだけ変わるのか疑問に思う方もいらっしゃるかなと思いますが……？

米元　変わりますね。最近ですと東西線で浦安駅始発の快速列車を2本設定しました。朝早い分だけちょっとだけ空いていますよって話です。空いているその列車を目指して乗ってもらえば、他の列車が混まなくなります。

土屋　遅れそうなところはわかるものなんですか？

米元　如実にわかりますね。ラッシュの中のわずかな遅延が発生して、それが積もり積もって大きくなります。一番悪いところを対処すれば、あとの遅れ幅はそんなに大きくならないんです。だから毎日チェックするよう担当には言っています。

土屋　根本的な質問なんですが、どうして列車は遅れるんでしょう。

米元　駆け込み乗車、荷物挟まり、急病人とかですね。

ダイヤに個性が出る

土屋　ダイヤ改正は年に1回じゃないですか。どれぐらいの確信度でゴーを出すのですか？　1回変えてみて、ダメなら2年後にまた戻せばいいかというお試しの時もあったりするんでしょうか。

米元　それはないです（きっぱり）。間違いないと確信できないとゴーは出しません。戻すというのは失敗ということですから。

土屋　故障やトラブルでダイヤを書き直しますよね。あれは人がやっていると聞きますが、ＡＩでは代用できないのでしょうか。

米元　ある程度はＡＩもできると思いますが、そこまで学習させるのが大変。人間が何パターンも教え込まないといけません。

土屋　将来的にスジを書くのはＡＩの仕事になることも……？

米元　スジ屋はＡＩ化しないと思いますね。スジをひくには人の気持ちが入らないとダメ。１＋１が２とかそういう話ではありません。乗務員の乗り方も加味しないといけません。

久野　今のダイヤを作る際に必要な要素としてどういうのがありますか？　乗務員の乗り方というお話も出ましたけれど……？

米元　まずは列車本数。併せて遅延も考えないといけません。あとは折り返しで乗務員交代しますので、それも考慮します。

土屋　担当している方によってダイヤに個性って出るのですか？

米元　あります。８人８通りですね。見れば誰が作ったかわかります。

土屋　へぇ～！「○○くんぽいダイヤだねぇ！」とかはどこに出るんですか。

米元　時分の刻み方とか、回しのやり方とかですね。

土屋　回しって何ですか？

米元　回しは折り返しのことですね。「ここはもっと詰められるけど」「これ遅れたら戻らないかもよ」とか。そういうのはありますね。

スジをひくには人の気持ちが入らないとダメ

土屋　となると、理想的なスジとはどういうものなのでしょう？

米元　効率は当然求めないといけないのですが、かつトラブル発生時に吸収したり、戻しやすいダイヤでしょうか。

土屋　トラブルに対応しやすいというのは具体的に？

米元　トラブル時の対応は指令所の指令員がやりますので、「このダイヤはここが空いているからやりやすいんだよ」とか意見をもらいます。お客様もユーザーですけれど、社内にもユーザーがいるイメージですね。

私たちの仕事は、うまくいって当たり前

土屋　職業病というか、オペレーションが悪い料理屋さんとかイライラされたりしますか（笑）？　あるいは動物的な勘ですごいスジをひく人もいたりして……？

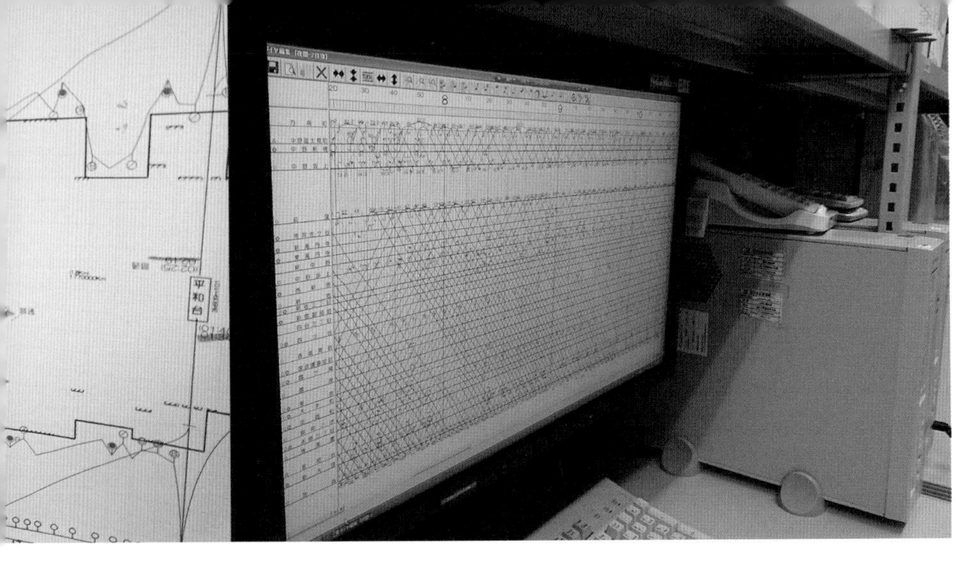

米元　私の意見ですが、真面目すぎる人はダメかもしれません。私みたいないい加減な方がいい。スジにも調子があって、調子がいいときは時間を忘れますね。逆にダメなときって、何を書いてもダメなんですよ。部下にも「ダメだったら早く帰れ！」って言っています。

久野　確かに真面目な方ほど思い詰めてしまいそうですよね……！

米元　頭の切り替えをしないと新鮮なものは出てきません。私は机の上では浮かばない。風呂やトイレで「あっ！」って。先輩たちがそうやって積み重ねてきて今のダイヤがあるんです。

土屋　他の鉄道会社のスジ屋さんの持っている知識やノウハウは有益だったりするものですか？

米元　そうですね。ですから、私たちは本来、相互直通している他社線のノウハウも配線もダイヤの運行形態もすべてわかっていないとダメですね。同時に、相手の会社に意見を言えるようにならないと。

土屋　メトロさんから意見を言われて、ハイハイって聞かないでしょう。

米元　昼間は言いませんよ（笑）。

久野　……ということはスジ屋さんの飲み会があるんですか（笑）？

米元　今はこんな時期ですから無理ですが、以前はありました。昼間は真面目な顔で打ち合わせをして、夜は飲みニケーション。「さっきも言ったけれど、あそこのダイヤなんとかならないの」とか酒の力を借りて勝ち取ったこともあります（笑）。

土屋　完璧なダイヤってないんでしょうか？

米元　ないですね。時代が動いていますからダイヤも共に動き続ける。常に平準化を目指すことは変わりません。

久野　スジ屋さんは365日どういう動きをされているのか予想がつかないです……！

米元　ダイヤ改正の直後に調査をします。3月の改正だと、大体5月の連休ぐらいまで調査をして、その後に「さあどうしようか」ということで他の会社と調整を図ります。夏ぐらいから書き始めますね。

土屋　最初の提案はいつぐらいですか？

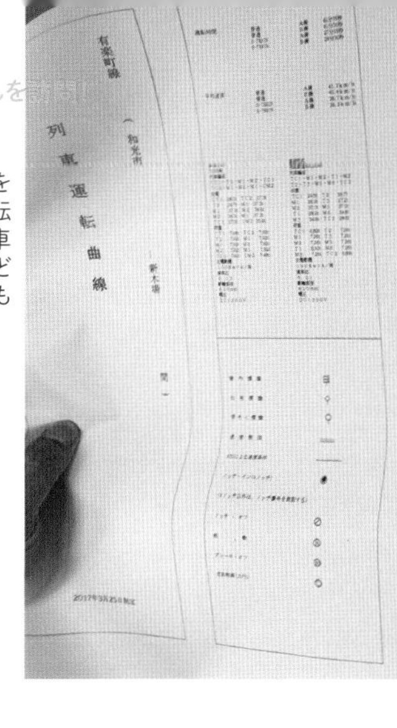

実際にダイヤは専用のソフトを使って作成する［写真右］。運転曲線図（線路上を走行する列車の速度変化や駅間走行時間などを調査・検討する目的で作成）もダイヤ改正時の参考資料となる。

米元　9月ですね。半年ぐらい前には、大体こういうふうにしたいとか構想を形にします。3カ月ぐらいで仕上げて大筋が決まるという感じですね。

土屋　そこまでにいかに精度の高いものを用意するかですね。

米元　そうです。自分なりの間違い探しを一杯しておかないと、あとで間違えていました、ではダメなので。ダイヤ改正の前日って本当に寝られないですよ。何があるかわからないからです。

久野　毎年そうなんですか？

米元　はい。早く朝が来て電車が動いてくれればいいなって、ラッシュが終わるまでハラハラしますね。寝られるようになったら一人前です。

土屋　どこら辺でホッとするんですか？

米元　ラッシュが終わったころですね。

久野　2020年のダイヤ改正当日はどこにいらっしゃいました？

米元　3月は有楽町線の豊洲でした。直近ですと6月に開業しました虎ノ門ヒルズですね。

土屋　実際に開業してからはイメージ通りでしたか？

米元　そうですね。でもね、私たちの仕事は、うまくいって当たり前なんです。それがいいことですから、別に喜びたくもないんですね。何も起きず、いつも通り空気を吸えるのが一番なんですね。

取材を終えて

たとえば5分おきにびっちり走らせるのが究極のダイヤで、一番いいのかと思っていました。でも、路線にも個性があるというのは驚きでした。乗っている我々はロボットじゃないわけで、乗る方にもスジをひく方にも「心」があるということに感動しました。〔土屋〕

NHKラジオなどでもいつもお世話になっている礼央さんとの協調運転のお陰で、最高のお話が伺えました！　スジ屋さんは憧れでしたが、これまで実態が全く見えなかったので、こんなに大変な仕事なんだと驚きました。企業努力鉄の礼央さんと企業戦士の米元さんの相互乗り入れは、まさにスクープです！　もっともっと掘り下げたい！（笑）。〔久野〕

東京メトロの社員教育を
クローズアップ

学びの場「総合研修訓練センター」へ！

「東京メトロ総合研修訓練センター」は、東京メトログループで働く人たちが日々研修と訓練を行っている場所です。お客様の安心と安全を守るためにどんな所で何を学んでいるのか、久野＆南田が訓練生になり教わってきました。

まずは施設をご案内

SSC ステップアップステーションセンター

本物さながらの駅構内を再現。自動券売機や自動改札機といった機器類がすべて実機で揃っているうえに、駅事務室やエスカレーター・エレベーターなどの仕様も同じで、機器類故障時の対応や様々な事例においての接客訓練を行えます。

模擬駅

センター1階には「訓練線模擬駅・センター中央駅」があります。ホームドアのある1番線とホームドアなしの2番線があり、どちらも実車を走行・停車させることができます。通常運転訓練だけでなく、異常時を想定し、常に本番さながらな訓練を行っています。

スケルトン教習室

多機能トイレや駅施設の床・壁・天井の構造を〝見える化〟した設備。防音防振仕様や排水の流れを観察し、普段は見えない内部構造について理解を深めます。

信号教習室

信号に関する知識と技術を学ぶ教室。連動制御盤を操作すると設置された鉄道模型が動くなど、リアルな形で信号取扱者のスキルを体得することができます。

電気教習室

変電設備、電気室設備、機械設備、信号設備、通信設備等の電気設備が備わっており、列車運行に影響がない環境の中で、装置の仕組みや保守の方法を学ぶことができます。

シミュレータ

7000系と16000系の筐体で模擬運転ができるシステム。災害や飛来物による架線支障など、設定された様々なトラブルを映像・音・揺れで体感しながら運転技術を身に付けます。

技術実習線

通常列車が走行しない技術実習線。架線への電気供給を止めてあるので、感電を恐れずに技術系の訓練を行うことができます。橋りょう・高架橋もこの区間にあります。

橋りょう・高架橋

東西線の高架区間を模しており、軌道や土木構造物の維持管理に関する研修に活用されます。形式はトラス橋りょう、プレートガーター橋りょう、RC高架橋、PC高架橋。

SSC（ステップアップステーションセンター）で お客様ご案内について学びたい

24時間券 のご案内

24時間券とは?

使用開始から24時間乗り降り自由な乗車券。たとえば朝10時に改札を通過したら日付をまたいで翌日朝10時まで使用可能。都内の多くのスポットで特典も受けられる。大人600円子供300円。

「東京タワーと浅草と銀座、表参道にも行きたい」と来られたお客様(!?)に24時間券をお勧め中。

紙製の券だけではなくPASMOでも発行できる。この場合購入から24時間有効。印字は定期券売り場・駅事務所で消すことが可能。

異常時 のご案内

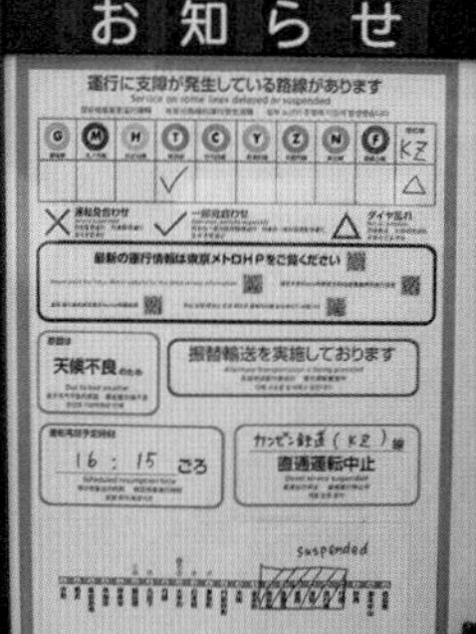

重要!

マグネットを貼る内容は、『原因』『現在の列車の運行状況』ということ。そして、お客様が知りたいのは「いつ動くか」なので、『運転再開予定時刻』。『振替輸送の有無』のお知らせも大事です。お困りのお客様が安全に早く目的地に到着できるよう迅速かつ情報は必ず正確に!

運転見合わせなど、異常時には業務放送が流れ、駅係員が急告板を用意。ナンバリングでの表示は外国人にもわかりやすい。

新型コロナウイルス感染拡大防止への取り組み

改札口の形が駅によって異なるため飛沫防止シートなどは駅係員が工夫して制作。お客様がよく触れる場所には抗菌効果のある物を使用。

車いすのお客様をご案内

重要！　車いすの操作も大事ですが、その前に乗っていらっしゃる方の気持ちを学ぶことが大事。乗り心地を知ることも必要です。少しの段差でも車いすはすごく揺れるので「足元が少し揺れます」とのお声がけを忘れずに。行動を起こす前にご説明することでお客様の抱えていらっしゃる不安が少しでも解消できるのかなと思っています。

基本的には姿勢を低くして、お客様と同じ目線になるように。ご案内中は車いすのロックをかけて！

車いすなどご利用のお客様向けWEBサービス「スムーズメトロ」のURL → smoothmetro.jp

教官のお話

営業部／小栗一馬さん

駅構内を再現したSSCでの研修を担当してくださったのは、営業部内の各職場代表が出場する『接客選手権』優秀賞の小栗さん。接客の際に大切にしていることを伺いました。

道を聞くなど駅員さんに話しかけたことがある人は多いはず。そんな時、駅務係は最初に何をすればいいのでしょう。

「まずは『いらっしゃいませ』からです。言葉を発したあとにすぐお辞儀をします。出口を聞かれた場合は、『〇番出口です』だけではなく、『いってらっしゃいませ』と言い、またお辞儀をします。『お気をつけていってらっしゃいませ』と言えたら、百点満点といったところでしょうか（笑）

目を見て話すことが大切なのは、車いすのお客様をご案内する場合にも通じることのよう。

「自分が座っているのに、立ったまま近くで話をされると威圧感を感じます。お客様の気持ちを考えると、自分も座って目線を同じにすることが大事。研修でも必ず伝えています」

話し方で意識していることをお聞きすると、なるほど！という答えが返ってきました。

「わかりやすいようにと、声の音量だけを上げると怒ったように聞こえるので、トーンも少しあげます。ご案内する方向に手を真っすぐ伸ばすなど、動きを意識することも大切です」

模擬駅でお客様の安全・安心について学びたい

打音検査

打音検査ではレールの締結装置をテストハンマーで叩き、ボルトの緩み、損傷を確認する。

レールを叩いた際、鈍い音がするとボルトが緩んでいる証拠なので締める作業も行う。

教官のお話

工務部／矢野誠さん　営業部／小林亜聖さん

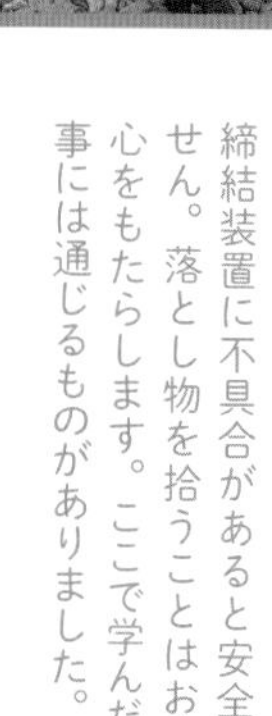

締結装置に不具合があると安全は保てません。落とし物を拾うことはお客様に安心をもたらします。ここで学んだ2つの仕事には通じるものがありました。

テストハンマーで締結装置を叩き、音でボルトの緩みや損傷の有無を確認する打音検査。初心者には歩きながら叩くのも、音で判断するのも簡単ではありません。いったいどういった経験を積めばいいのでしょう。

「例えば有楽町線であれば、和光市駅から新木場駅の間を月に3度巡回します。1日平均5～6キロを歩き、経験を積んでいます」

こう話してくださったのはベテランの矢野さん。歩いて叩いて聞いて….。場数を踏む重要さを実感します。

落とし物を拾う際には、速やかな作業を心掛けながらも、お客様が安全か、電車が来ないか、周りをよく見ることが大事。小林さんからの教えを受けながら、自分もうっかり落とし物をしてはいけないなと改めて思いました。

落とし物を拾う

線路内の落とし物はマジックハンドで拾うことが多い。サードレール（第三軌条）走る銀座線・丸ノ内線は絶縁式を使用。

マジックハンドのみで不安定な場合は網ですくい上げる。

教官のお話　運転部／小櫃修司さん

車掌業務、緊急停止手配を小櫃さんに教わりました。覚えなければいけないことが盛りだくさんで勉強になりました。

信号、車側の確認など安全を確保したら発車ベルリモコンを使って発車メロディー「ドアが閉まります」というアナウンスを流し、ドアを閉め、初めて列車は出発できます。

「グリーン点灯、車側よし!」

しかし、安全運転をしていても非常事態は起こるもの。もし自分が危険な場面を発見したら?

「躊躇している間にも列車は進んで来るので危ないと思ったらすぐに非常ボタンを押してください」

踏切の※非常停止ボタンと同じですね!

※現在、久野は鉄道会社の「踏み切り事故防止」啓発ラジオCMを担当中。

教習室で専門的技術を学びたい

16000系で模擬運転。背後に師匠の目が光る中、うまくいくでしょうか!?（笑）。

南田氏は7000系に挑戦。ベテランの余裕!? 路線図は架空のもの。

山田先生（左）＆佐々木先生（右）と記念撮影。

悪天候、飛来物、火災…。教卓のPCで作られる100以上のシナリオに運転士は向き合わなければいけない。

教官のお話

人事部／山田貴之さん
人事部／佐々木厚さん

16000系と7000系で模擬運転を体験させていただきました。楽しみにしていたものの、そう簡単にはいかず、命を預かる仕事の重みを感じずにはいられませんでした。

久野は16000系の運転に挑戦。しかし、飛来物が架線にひっかかっているではありませんか。さらに地震まで！

ここではいかなる状況でもお客様を守れるように様々なトラブルが設定されているのです。

「車の養生シートが飛んできて進めず、元の駅に戻った経験があります」と話してくださった山田さん。車掌を2年弱、運転士を約15年されていたとのこと。

佐々木さんは10年の車掌歴を活かし、主に車掌の養成をされているそうです。

「いろんなシナリオを設定できるのが、シミュレータのいいところ。現場ではできませんからね」（山田さん）

この先おふたりが育てられた運転士さん・車掌さんに会えるのが楽しみ。いや、もうどこかでお会いしていますね！

信号教習室

信号を出すボタンを押したあとにも指差し確認。「圧下よし！ 進路よし！ 表示よし！」。

実際に小林亜聖さんのお子さんが幼少期に遊んでいたプラレールを教材として活用。

連動制御盤を操作すると模型や転てつ器が動き、リアルな形で信号取扱者のスキルを学べる。

番外編

食堂で「本日のランチ」の中から選んだ「ミックスフライ定食」410円。ごちそうさまでした♪

教官のお話

営業部／小林則明さん
営業部／小林亜聖さん

信号取扱いを一から教えてくださった小林則明さんと、模擬駅でもお世話になった小林亜聖さん。鉄道員を育てるうえで大切にしていることと、目標を語ってくださいました。

「研修生が現場に行ってから不安になることなく、役に立つ教育をやっていきたいと思っています。そのために研修時から、工夫して実践的な訓練を取り入れたいと常に考えています。ここでプラレールを教材にしているのも、SSCの飛沫防止シートを作ったことも工夫のひとつかもしれません（笑）」（小林亜聖さん）

「教える立場として、皆の安全に対する意識を高めたいというのが目標です。これを後輩たちにどうやって伝承していくかは課題でもありますが、私の体験談も含めて伝えているところです。最高の技術を身に付けてここから表に出してあげたいと思うのと同時に、表に出てからも、お客様の命を預かっているという自分の職責を理解して持ち続けてほしいと願っています」（小林則明さん）

あの電車は今

過去に東京メトロで走り、現在は他の鉄道会社で活躍している車両を紹介する。取材にご協力いただいたのは、日比谷線の03系を譲渡された長野電鉄と、銀座線の01系を譲渡された熊本電気鉄道の二社だ。長野・熊本、それぞれの地で現役で働く電車たちの現状をレポートする。

車両引退後の行方

東京メトロの車両は長いもので約半世紀運行し、その役目を終えます。運行を終えた車両は基本的には解体され、さまざまな用途へリサイクルされます。しかし、なかにはそのまま保存されたり、国内の地方鉄道や国外の鉄道業者に譲渡されるケースもあります。

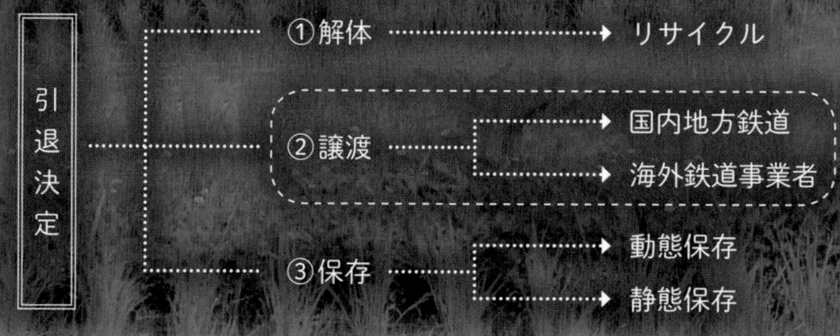

写真提供：長野電鉄株式会社　熊本電気鉄道株式会社

長野電鉄

東京メトロ・日比谷線で運用されていた「03系」車両が2020年に長野電鉄へ譲渡された。電車のカラーをグレーからレッドに変え、名前も「3000系」に変え装いも新たに発車。

長野電鉄の快適な輸送は
元東京メトロ車両が支えていきます

Q 現在の運行区間と、何両編成で、1日何回運行しているのでしょうか?

A 運行区間:全線(長野〜湯田中/24駅)　編成:3両2編成の計6両　運行回数:特定の運用に入っていないため、日ごとに変わります。

Q どのような経緯で、東京メトロの車両を運行することになったのでしょうか?

A 1990年代前半、長野冬季五輪(1998年開催)に向けた車両代替と輸送力増強計画を契機として、営団地下鉄から3000系が譲渡されました。長野電鉄では3500系・3600系として使用されました(現在、3600系はすべて廃車)。その活躍も25年を越えたため、老朽化による置き換えが急務となりました。

後継車両として、東京メトロによる「03系」の情報が入り、当社の求める規格にも合致することから、導入に至りました。

Q 長野電鉄の路線区間でおすすめの景色や観光地、特徴的な駅を教えてください。

A 沿線の車窓からは、北信五岳(ほくしんごがく)や北アルプスなど多くの名山がご覧いただけます。また古刹・善光寺や栗の街・小布施、湯田中・渋温泉郷など多くの観光地があります。桐原や信濃竹原など開業当時からの木造駅舎が現役で使われているのも特徴です。

Q これからメトロ車に期待すること。車両にメッセージをお願いいたします。

A 2020年には2代目の日比谷線車両の03系が3000系と名を変え、運行を開始しました。長野電鉄の快適な輸送は元東京メトロの車両が支えていきます。

Q 長野電鉄のPRをお願いいたします。

A 長野電鉄では、東京時代に見られた車両同士の再会もあれば、出会うことのなかった車両たちの組み合わせも見られます。特に、ここ数年間は日比谷線の初代車両と2代目車両が同じ路線の中を走っています。特にここ数年間は日比谷線の初代車両と2代目車両が同じ路線の中を走っています。信州の田園風景を走る懐かしい車両たちに会いにぜひお越しください。

Q 現在の運行区間と、何両編成で、1日何回運行しているのでしょうか？

A 運行区間：全線　編成：2両1編成×2　運行回数：5往復～31往復

Q どのような経緯で、東京メトロの車両を運行することになったのでしょうか？

A 代替車両を探している時、東京メトロ01系の廃車計画の情報を小耳に挟んだので、直接東京地下鉄株式会社の本社に電話しました（それまで全く関係性はありませんでした）。2015年から「01系」の名のまま運行しております。

Q なぜ、01系だったのでしょうか？

A 上熊本線専用車両で車両長の短い車両を探していたところ、架線電圧が弊社と同じ直流600Vで改造箇所が少ないと考えて導入しましたが、実際は魔改造電車となりました（電気の供給方法が異なる（第三軌条方式から架線集電方式）ためシングルアーム式のパンタグラフを2台搭載する形に改造）。車内の照明は全てLEDに交換し省エネを図りました。人と環境にやさしい電車です。

Q 貴鉄道の路線区間でおすすめの景色や観光地はありますか？

A 池田：トンネルの近くに駅があるので鉄道ファンなどが多く訪れます。
藤崎宮前～黒髪町間：道路を電車が走行している区間があるので迫力があります。

Q 懐かしの列車目当てに当時乗っていた方が乗りに来ることはありますか？

A 導入当時、東京メトロ関係（運転士：整備士等）の方が、熊本の地上を走る車体や新設パンタグラフを不思議そうな顔で見られていました。
また、東京から出張に来られた方が、朝に東京の銀座線01系に乗車し、夕方は熊本で同じ01形に乗車されてビックリしてたというエピソードもありました。

Q 熊本電気鉄道のPRをお願いいたします。

A 東京メトロ以外にも東京都交通局の車両や東急電鉄の5000系（青ガエル）なども懐かしい車両がたくさんありますので熊本に来た際はお立ち寄りください。

熊本電気鉄道

東京メトロ・銀座線で運用されていた「01系」の車両を2015年から2016年にかけて熊本電気鉄道へ譲渡された。姿はそのままで、仕様に改造を加え、今もなお走行中。

全国の鉄道ファンなどが多く訪れる人と環境にやさしい電車

第3章

私の妄想地下鉄を紹介します！

編集部お断り

ここからの企画はタイトルの通り、「私だったらこんな駅名にする……」「私だったここに電車を通したい」という、あくまでも妄想鉄として一個人の意見を掲載しています。東京メトロはじめ、各鉄道会社様の見解や駅名決定の背景とはいっさい関係ありません。

文筆家・漫画家

能町 みね子さん

Mineko Nomachi

地名としては消えているのに、駅名はそのまま。そこに味がある

レッツエンジョイ東京で『駅名ソムリエール』、その続編『駅名ソムリエール・能町みね子の夢の地下鉄21号線』を連載していた能町みね子さん。まさに妄想鉄道の章の冒頭企画を飾るにふさわしい方と言えるでしょう。かつて地名を研究していた能町さんだからこその駅名に対する考えと、大都市・東京の巨大地下空間にご自身の描く妄想地下鉄について伺いました！

鉄道好き著名人の方の中でも、いつか絶対お会いしたい！　と思っていた能町さん。執筆業に加え、多数のメディア出演でお忙しい中リモートで初の相互乗り入れが叶いました!!小気味好いトークや、エッジの効いた言葉選びの裏にある〝人としての絶大なる愛〟に感無量。鉄道はもちろんその土地や歴史、お住まいの方の感情をも汲み取り、代弁し続ける能町さんワールドに魅了されました！

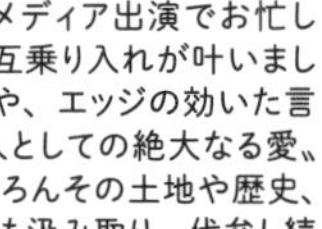

PROFILE

1979年生まれ。『そのへんをどのように受け止めてらっしゃるか』（文春文庫）『雑誌の人格（全3巻）』（文化出版局）『結婚の奴』（平凡社）『ほじくりストリートビュー』（交通新聞社）『逃北～つかれたときは北へ逃げます』（文春文庫）など著作多数。好角家としても知られるが鉄道も大好きで、鉄道関連本に『うっかり鉄道』（幻冬舎文庫）がある。『久保みねヒャダ こじらせナイト』をはじめテレビやラジオでも活躍。Twitter：@nmcmnc

久野　能町さんは大学時代に地名の研究をされていたと伺います。その頃から駅名にも興味はおありだったのですか?

能町　いえ。地名全般には興味がありましたけど、駅名についてはそこまで……地名の歴史を探っていくうちに、「この駅名はなぜこうなったんだろう」「本来の地名の由来からすれば、もっとふさわしい駅名があるんじゃないか」と考えたりしたのが始まりですね。

久野　そういったことは大いにありますよね！　施設がなくなって、○○前でなくなってしまったり……。

能町　(東急東横線の)都立大学駅とかですよね。

久野　能町さんの連載(※1)では東京メトロの駅名を新たにご提案されていて興味深かったのですが、能町さんがお好きな駅名はありますか?

能町　現在の住所では消えているのに、駅名ではそのままなところがちょこちょこあります。そういう駅は好きですね。例えば茗荷谷駅(丸ノ内線)。昔はそのあたりが「小石川区茗荷谷町」だったんですけど、今「文京区茗荷谷」という地名はなくなっています。日比谷線の神谷町(※2)もそうですね。

久野　その駅名で定着しているイメージもありますよね。

能町　古い路線のほうがそういう駅名が多いですね。銀座線の田原町駅と稲荷町駅も台東区の地名からは消えてしまっています(※3)。

久野　なくなってしまったけれど、駅名に残っているのは美しいと……!

能町　味があると私は思います。

久野　そういう視点で見ると、日比谷線には いい駅名が多いですね。一方、東銀座という駅名はどうお感じになりますか?　能町さんは駅名に〝極力東西南北をつけないほうがいい派〟だと伺いました!

能町　有名な地名にあやかるよりは、そこに元からある地名を使うほうが好きです。東銀座だったら、「木挽町駅」がいいかなと。

能町案なら「虎ノ門ヒルズ駅」は「西久保巴町駅」?

久野　話が少し側線に入りますが、東西南北では、浦和問題がよく取り上げられます。東浦和なのか、南浦和なのか、浦和なのか(笑)。

能町　あの時代、昭和40~50年代ですけど、いちばん記号的な駅名が好まれていたんですよね。武蔵野線はほんとにひどくて。有名な地名に東西南北をつけたのばかりなんですよね(苦笑)。

久野　○○丁目に関しても異議を唱えてらっしゃいますね。

能町　同様の理由であまり好きではないですね。バ

※1　能町みね子の駅名ソムリエール
https://www.enjoytokyo.jp/solo/detail/573/
※2　開業当時は港区芝神谷町。現在は虎ノ門の一部になっている。
※3　開業当時、田原町の所在地は浅草区松清町。最寄りに市電田原町の電停があった。のちに浅草松清町は西浅草一丁目に変更されたが、駅名は田原町のまま。稲荷町は、開業当時の所在地が下谷区南稲荷町。のちに町名が現在の東上野三丁目に変更されたが駅名はそのまま。

ス停みたいだし。駅はもうちょっと格調高い名前がふさわしいというか（笑）。

久野　もしも能町さんが東京メトロさんに駅名の変更を提案できるとしたら、どちらを選ばれますか？

能町　たとえば最近できた「虎ノ門ヒルズ駅」でしょうか。路線図の中では駅名が2～3文字で収まるほうがきれいなんですよね。それを考えると、長いし、カタカナも入るし……。本来、駅名はその場所、地名を端的に表したものが好きです。

ただ、高輪ゲートウェイに比べれば全然マシです。あれは「高輪ゲートウェイ」という建物すら存在せず、意味不明な名前なので、日本で一番ダメな駅名ですね（笑）。それに比べれば虎ノ門ヒルズという建物は存在しているので、それの前にあるという意味では「三越前駅」と同じですからね。開業直前のプレスリリースでは、旧町名の「西久保桜川町」も駅名候補にあったらしいです。

久野　能町さんなら具体的にどういった駅名にされたいですか……？

能町　都電があった時代の停留所名「西久保巴町」、あるいは自然地名で「愛宕山」ですかね。

久野　それは美しいですね‼　ではもしも駅名が西久保巴町（虎ノ門ヒルズ前）だったら、いかがでしょう（笑）？

能町　カッコ書きで虎ノ門ヒルズが出るくらいなら別に（笑）。例えば、三越前駅の由来である三越は江戸時代からあの地にあって、ああいう歴史の長いランドマークに関しては私も許せるんです。単に「ヒルズ」という名前が嫌いなのかもしれないですね（笑）。新宿三丁目は「伊勢丹前」でもいいなぁと思いますし。

久野　「ヒルズ」アレルギーでしたか……（笑）。

駅名はシンプルでいい。短くバシッと。

久野　溜池山王や門前仲町といった、いわゆる四文字熟語系の駅名はいかがですか？

能町　溜池山王と門前仲町では全く成立経緯が違うので、一概に四文字だからどう、というものではないですね。門前仲町はもともとそういう地名で（本来は「富岡門前仲町」）、溜池山王は「溜池」と「山王」の合成地名です。港区側が溜池、千代田区側は山王神社があるので山王下という名前を推していて、間をとってくっつけたという。こういう妥協と配慮で、合成した長い駅名になるのは好みじゃないです。

久野　清澄白河とか……？

能町　それも同じです。関西に多いですね。最近できた「衣摺加美北（きずりかみきた）」はちょっとひどいですね。駅名はシンプルがいいと思うんです。

いま考えてみるとヒルズという名前が嫌いなのかもしれないですね

バシッと短く決めてほしい！

久野　地元の方にリサーチをすると、アイデンティティが乗っていたりするものですから、そこをあまりいっしょにしないでほしいということですか？

能町　というか、地元の方の意見を聞きすぎて、配慮して合成になってしまうことのほうが多いような。

久野　駅名変更を考える上で能町さんの中に時代の基準はありますか？　この時代の地名がいいとか！

能町　明治の初期から中期くらいですね。明治20年代に、今ある市区町村につながる制度が定まったんです（※4）。明治のその頃はバラエティーに富んでいるし、情報量も多いので、一つの基準ですね。

丸ノ内線はスタイリッシュさがなくて親しみが沸く

久野　そうやって伺うと本当に駅名を変えたくなりますね（笑）。ちゃんとした理由があってのご提案ですから。ところで東京メトロの中で能町さんが一番好きな路線はどちらですか？

能町　丸ノ内線ですかね。成立も適度に古いですし、池袋から大回りして新宿に行くというルートも不思議ですし、方南町に行く枝毛みたいな路線も謎だし。なんかもっさりしていて、スタイリッシュではなくて親しみが沸きます。

久野　不器用感はありますよね（笑）。最短ルートでいけばいいのにぐるっと大きく回って。通したいところに通したと思うんですけど。

能町　そのときは地下鉄があまりなかったから、大回りしてでも通したかったんですかね。

久野　いま見ると合理的ではないですよね！

能町　何も知らない人が新宿から池袋行きに乗ったらかわいそうなことになりますよ。

久野　連載されていた『駅名ソムリエール』の中でも、能町さんは丸ノ内線も駅名の変更を結構提案されていますね！　新大塚は新しくない、とか（笑）。

能町　成立経緯からすると、どちらかといえばＪＲのほうが「新大塚」で、丸ノ内線のほうが「本来の大塚」ですからね。新大塚は「大塚辻町駅」がいいかな。あと、荻窪側は開業当時、郊外なんですよね。私の想像ですけど、ローカルなイメージを一新したいから新○○とか南○○とかとかつけたんじゃないですかね。新高円寺、東高円寺、南阿佐ヶ谷……すでに発展している街にあやかったのかなと思います。

久野　ちなみに東京メトロの路線名を能町さんが変えられるとしたら、どういったものがありますか？

能町　路線名に対する違和感はあまりないです。その路線のルートについてはあまり歴史的な意味合いはないので。東武野田線の愛称の「アーバンパークライン」みたいな、とってつけたようなカタカナは

※4　明治21年4月に市制・町村制、明治23年5月に府県制・群制が制定された。

嫌ですけどね。

久野　ゆかりが深い身としては、リアクションに迷います！（笑）。違和感のないカタカナ駅名はありますか？

能町　埋立地ならそこまで抵抗ないです。ゆりかもめの「テレコムセンター駅」とか。実在する施設なので。

久野　ちなみにカタカナではないですが、副都心線という名前についてはいかがでしょうか？

能町　あまり好きではないですね。都庁にも行きづらいし、副都心というにはちょっとずれてる気がする。「明治通り線」ですよね。

久野　確かに副都心からちょっとはみ出ちゃっていますね……‼（汗）

能町的妄想地下鉄①　環七線

久野　さて、このシリーズ本では妄想鉄道を大々的に取り上げているのが特長でして、能町さんの妄想地下鉄をいくつか伺います！　まずは環七線ですね。

能町　その名の通り環状七号線の道路の下を走るんですけど、乗り換えを考えて多少ずれる部分もあります。まず江戸川区を南から北に通して、「宇喜田（葛西から改名）」で乗り換えできるように。そこから一之江を通って、「下小松（新小岩から改名）」で

副都心線よりも「明治通り線」？都庁から少しずれている気も……

総武線につなぐ。あのあたりは本来「小松」という地名です。そこから「淡之須（青砥から改名）」、亀有を通って、つくばエクスプレスと「六町」でつなぎ、「栗原」（西新井から改名）、そして西新井大師の前に「西新井大師駅」。そこから赤羽を通り、高円寺をスイッチバックでつなぎます。

久野　スイッチバックは斬新です（笑）。でも、台湾の地下鉄には実際にありますしね！　母が江戸川区出身で、私も幼い頃よく祖父母の家に遊びに行っていて、とてもなじみ深いのでわかるのですが、おっしゃる通り界隈に縦の線が全くないんです。これはぜひ開業してほしい！（笑）。亀有、西新井と鉄道ファン的に萌えるポイントも抑えていますよね！

能町　私は「一之江駅」のとなりに「二之江駅」を作りたいんです。二之江も実在した地名なので。

久野　宇喜田（葛西）は東西線に乗り換え時は地上に出るわけですよね。

能町　そういうことになりますね。厄介な乗り換えですけど。

久野　地下鉄同士なのにフロアがちがう路線もありますから。北千住みたいな状態ですね。日比谷線は上にあって、千代田線は下にある。

能町　東西線の快速も宇喜田停車になるかもしれません（笑）。

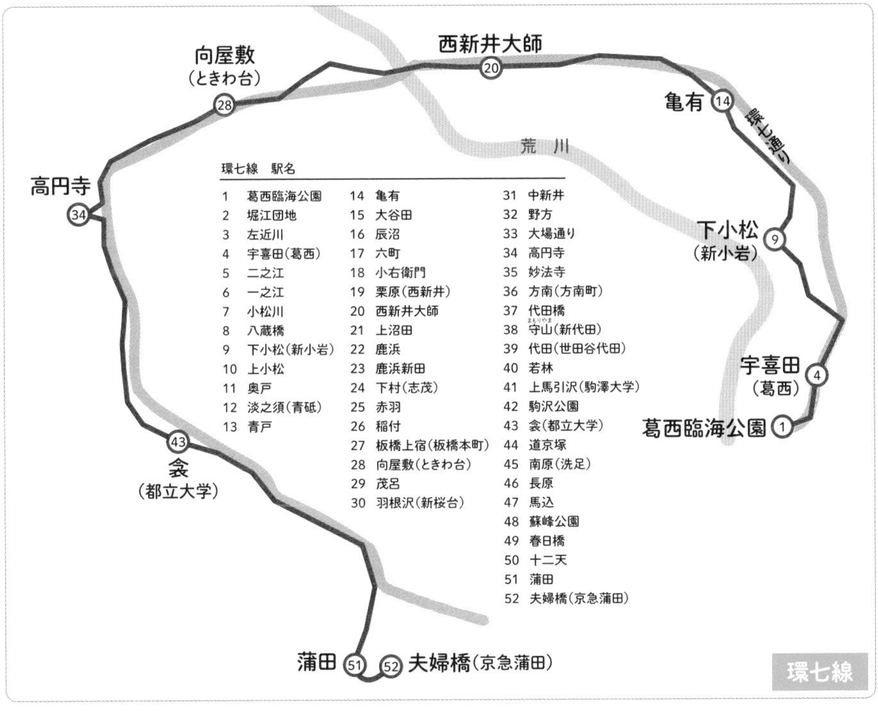

環七線　駅名

1	葛西臨海公園	14	亀有	31	中新井
2	堀江団地	15	大谷田	32	野方
3	左近川	16	辰沼	33	大場通り
4	宇喜田（葛西）	17	六町	34	高円寺
5	二之江	18	小右衛門	35	妙法寺
6	一之江	19	栗原（西新井）	36	方南（方南町）
7	小松川	20	西新井大師	37	代田橋
8	八蔵橋	21	上沼田	38	守山（まもりやま）（新代田）
9	下小松（新小岩）	22	鹿浜	39	代田（世田谷代田）
10	上小松	23	鹿浜新田	40	若林
11	奥戸	24	下村（志茂）	41	上馬引沢（駒澤大学）
12	淡之須（青砥）	25	赤羽	42	駒沢公園
13	青戸	26	稲付	43	衾（都立大学）
		27	板橋上宿（板橋本町）	44	道京塚
		28	向屋敷（ときわ台）	45	南原（洗足）
		29	茂呂	46	長原
		30	羽根沢（新桜台）	47	馬込
				48	蘇峰公園
				49	春日橋
				50	十二天
				51	蒲田
				52	夫婦橋（京急蒲田）

能町的妄想地下鉄② 新銀座線

久野 次に新銀座線です。

能町 地味なんですけど、私なりの「銀座線延長計画」です。最近、渋谷駅が移動して、それ自体は結果的にいいと思うんです。きれいになったし、乗りやすいし。ただ、私は地下鉄の駅はなるべく多いほうがいいと思ってて。旧渋谷駅をもう少し井の頭線側に移動して残したまま、今の駅を作ってほしかったんですよ。

久野 なるほど～。渋谷の利用者がいい意味で分散されるかもしれませんね！

能町 東渋谷と西渋谷を作って、その２駅の距離はすごく短くていいんです。東西南北がつく駅をあまり作りたくないというルールに反しますが、ここについては、一つの駅を分裂させたような扱いです。イメージ的には多摩モノレールの立川北駅、立川南駅みたいな感じです。

久野 そこから文化村、ＮＨＫ前と続くわけですね！

能町 上野松坂屋の下の「上野広小路駅」みたいに、東急本店の地下に駅を作ってほしいです。そして、実は駅から行きづらいＮＨＫに通じる、と。

久野 毎週のＮＨＫラジオ第１「鉄旅・音旅 出発進行！」生放送にも行きやすくなるので、こちらもすぐにでもほしいです（笑）！ 今回はリモート対談となりましたが、また直接お目にかかれる日を楽しみにしております。ありがとうございました！

ありえない？レアな？方向幕

mousou houkoumaku

実際の車両で、通常は見ることができない、あるいはとてもレアな『妄想方向幕』を各検車区係員さんのご協力の元、実現してみました。基本的には不測の事態が起きた際に折り返し運転可能な区間の駅が表示できるようになっていますが、丸ノ内線など路線によっては全駅表示できる車両も！

銀座線 妄想方向幕

G04／青山一丁目

G05／赤坂見附

G10／京橋

G15／上野広小路

G17／稲荷町

丸ノ内線 妄想方向幕

M02／南阿佐ヶ谷

M05／新中野

M09／新宿三丁目

M10／新宿御苑前

M11／四谷三丁目

M14／国会議事堂前

M16／銀座

M18／大手町

M24／新大塚

超レア！
500形でも特別に妄想方向幕を

西銀座

お茶の水

妄想 日比谷線 妄想方向幕

東京メトロ

H／千住車両基地

H／竹ノ塚車両基地

H06／虎ノ門ヒルズ

H14／人形町

H15／小伝馬町

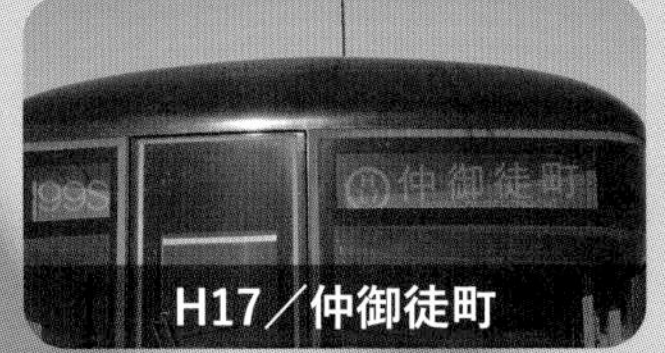

H17／仲御徒町

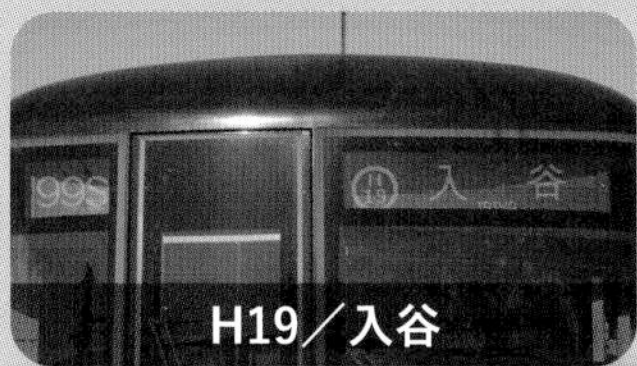

H19／入谷

H20／三ノ輪

東西線 妄想方向幕

各駅停車／高田馬場

各駅停車／飯田橋

快速／大手町

東葉快速／大手町

通勤快速／大手町

各駅停車／茅場町

各駅停車／門前仲町

通勤快速／葛西

快速／妙典

千代田線 妄想方向幕

通勤準急／相武台前

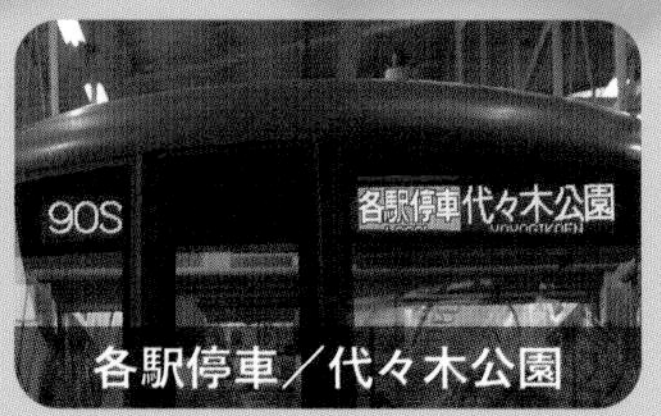

各駅停車／代々木公園

各駅停車／大手町

各駅停車／北千住

有楽町線・副都心線

各駅停車Y17／桜田門

普通TJ10／成増

F特急TJ19／上福岡

F特急SI22／稲荷山公園

普通TJ26／坂戸

半蔵門線 妄想方向幕

各停／あざみ野

準急／梶が谷

各停／溝の口

各停／二子玉川

各停／用賀

各停／青山一丁目

各停／永田町

各停／九段下

各停／三越前

各停／住吉

各停／錦糸町

急行／曳舟

各停／北千住

各停／北越谷

南北線 妄想方向幕

急行／奥沢

各駅停車／武蔵小山

各駅停車／目黒

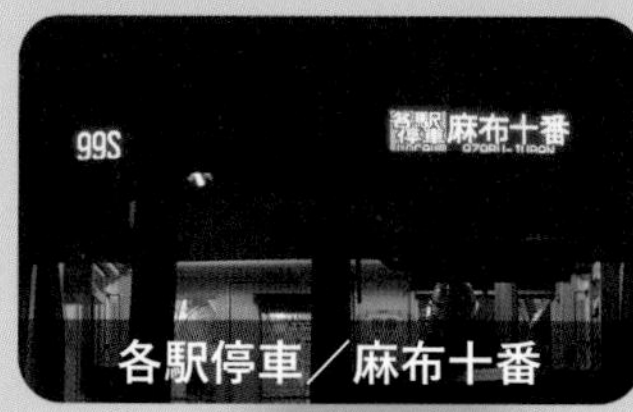
各駅停車／麻布十番

各駅停車／四ツ谷

久野的考察

前作「京急とファン大研究読本」から定番!?となった、ありえない？　方向幕！　メトロの“ありえへん”が満員乗車(笑)。お気に入りは、17000系の「坂戸」行き！　東武東上線ではTJライナーの車内アナウンスを担当していますが、そもそも坂戸止めがレア！　回送感しかない！！　丸ノ内線500形の時代を感じる「お茶の水」もいいですねぇ。「車両基地」シリーズは、詰まるところ回送ということ？　いつか営業線で走っているのを見てみたいです♪

南田的考察

銀座線浅草行き。日比谷線中目黒行き。地下鉄は行き先がほぼパターン化されています。しかし稀にある、日比谷線六本木行きなど途中駅行きの表示は違和感があって、たまりません。今回の妄想方向幕はどれも違和感満載です。1番グッときたのは丸ノ内線四谷三丁目行きでしょうか。あの駅が終着駅になるのか。車両にあらかじめプログラミングされていることがアツいです。

久野 南田 野月

ちょっと気になる妄想鉄道会社を見てみよう！

鉄道ファンの中でも着実にそのジャンルを確立しつつある「妄想鉄」の世界。自身の運営路線や路線図をSNSやWEBサイトで紹介する方も増えてきました。今回は久野、南田、さらにこれまでのシリーズ本すべてに企画参加している『SUPER BELL"Z』の野月貴弘さんにもご協力いただき、ユニークな妄想「地下鉄」を運営する会社を紹介していきます！

ご協力いただいた妄想鉄道会社様

Thank you for your cooperation

野月貴弘 Nozuki Takahiro

1972年5月22日、北海道帯広市出身。テクノユニット『SUPER BELL"Z』の中心人物、車掌DJ＆ボーカル。1999年12月、電車の車内アナウンスをラップにした車掌DJ曲「MOTER MAN（秋葉原～南浦和）」でメジャーデビューし、大ヒットを記録。翌年、日本有線放送大賞新人賞を受賞。以降、現代版鉄道唱歌としてシリーズ展開されている。近年は、声で出す電車の音「エアトレイン」を提唱、ライブと合わせ各地で大会を開催している。2019年、デビュー20周年を迎えた。最新アルバムは「MOTOR MAN 鉄音」（キングレコード）。NHKラジオ第1「鉄旅・音旅 出発進行！」ではMCを担当。
スーパーベルズオフィシャルウェブサイト「鉄音寺」http://www.superbellz.com/
ウェブ番組（YouTubeネットラジオ）「鉄音アワー」http://airplug.cocolog-nifty.com/bellz/

弘前市営地下鉄

ひろさきしえいちかてつ

Hirosaki City Subway

基本情報

会社名	弘前市営地下鉄	路線数	6 路線	運行種別	普通
運行区間	十腰内～乳井、板柳～弘前、津賀野～夏川、弥生～一野渡、田代～新里、湯段温泉～中央弘前				
特徴	既存のバス路線をもとにした路線。各地から商業地区へのアクセスがしやすいようになっている。				

路線図

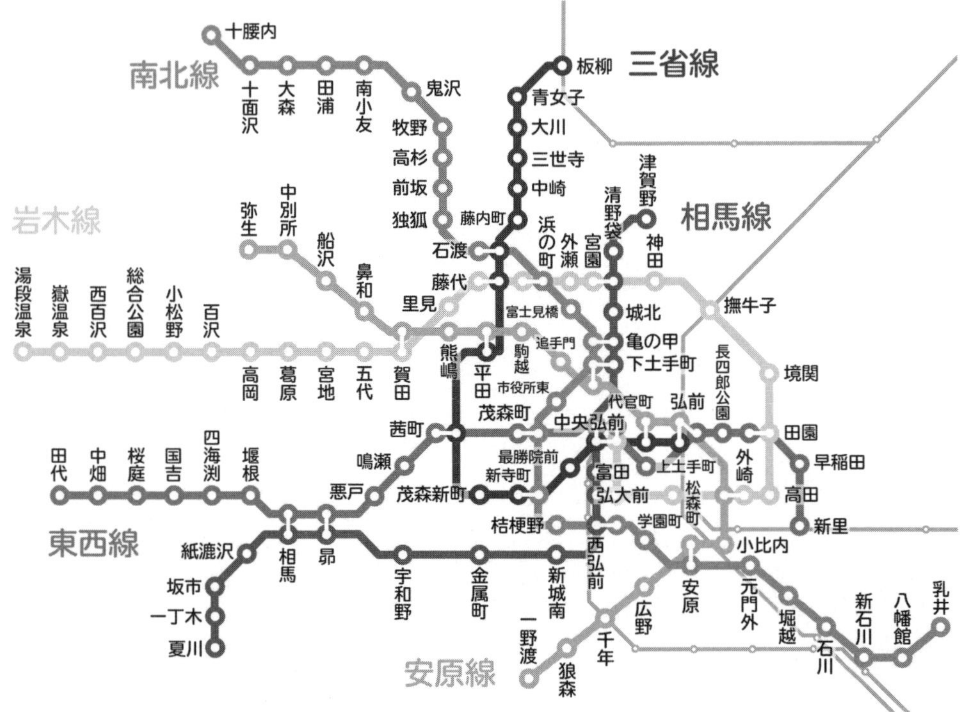

田代駅からすぐの地点、弘前市境。

車両のイメージは、コルゲートのギラつく年季の入ったステンレス。長野電鉄が想定に近い。

point of route map

ダイヤのポイント

直通運転（乗り入れ）は、弘南鉄道大鰐線との直通を想定しています。南北線が新石川で大鰐線と接続しているので、南北線高杉～下土手町～西弘前～安原～新石川～大鰐線大鰐というルートで1時間に2,3本を設定することになりそうです。

JR奥羽本線との直通も考えましたが、JRが交流電化ということもあり、なかなか難しいな、という感じです。

路線別紹介

南北線 十腰内～乳井

三省線 板柳～弘前。弘南鉄道大鰐線の前身である弘前電鉄が計画していた中央弘前～板柳の延伸区間に当たります。弘前電鉄の計画では高杉方面を経由し板柳に至ることになっていましたが、少し遠回りだったため高杉・裾野（鬼沢／十面沢方面）は南北線に行ってもらうことにしました。

相馬線 津賀野～夏川

安原線 弥生～一野渡

東西線 田代～新里。田代（西目屋村）まで延びているのも弘前電鉄の計画通りです。東西線の四海渕～田代は弘前市東目屋地区と西目屋村が所在する谷を走るため、弘前電鉄の計画を抜きにしても田代まで路線が延びていた方が自然です。また、市外の区間は中畑～田代の１区間のみでべらぼうに長いわけでもありません。

岩木線 湯段温泉～中央弘前。文教地区の西弘（弘大前・西弘前）からなるべく多くの地区へのアクセスを目指し、市街を周ってから西進します。

妄想鉄道直撃アンケート

Question	Answer
妄想鉄道に興味がわいた理由。	定山渓鉄道という私鉄が祖父母宅の近くをむかし走っていたことを幼少期に知りました。定山渓鉄道が現在も残っていたら札幌の交通網はどうなっていただろう、と考え始めたのがきっかけです。2008 年に日本鉄道旅行地図帳 (新潮社) の発行が始まり、さまざまな廃線の載った地図を見たことで俄然興味が高まり、小学生の小さな脳みそをフル回転させて色々な想像をしていました。
あえて妄想「地下鉄」を運営するに至った理由を教えてください。	弘前市営地下鉄の原案は 4,5 年前にできていましたが、しばらく放置し他の路線図を作っていました。2019 年の夏コミ・冬コミにて弘前市に未出店の大手牛丼チェーンを出店する本を作り、その中で「弘前市の人口を嵩増しする」という手法を採りました。そこから「弘前市の人口が現実より多い世界線ならば、地下鉄があってもおかしくないのでは」と考え、弘前市営地下鉄に手を付けることになりました。
現在の妄想路線図の状況や、ご自身のこだわりを教えてください。	基本的には既存のバス路線をもとに路線を敷いています。弘前市内のバスは弘前駅・バスターミナルを中心として放射状に伸びていますが、市内には土手町・城東 (田園 / 外崎 / 高田)・安原・城北 (宮園) など数ヶ所に商業集積が見られるため、各地から複数の商業地区へ容易にアクセスできるように工夫しました。
現在運営している、妄想鉄道のダイヤ概要を教えてください。	データイムは 1 時間に 3 ～ 10 本を想定し、路線・区間によりかなりばらつきがあります。これは各線の終端が市域のかなりギリギリのところや山地まで延びているためです。合併前の弘前市域に無理のない範囲 (東京 23 区の人口密度) で人間を詰め込めば約 400 万人が住めることが判明したため、市内全域に大量の人口を散りばめなくてもよくなりました。その結果、旧岩木町・旧相馬村の奥へ行く区間については 10 分に 1 本では過剰ということになり、区間運転が大量に発生しています。また、地下鉄では普通見られない増解結も行う必要があります。例えば東西線・相馬線では、3 両繋ぎの短い電車が谷間の農村をとことこ走り相馬まで下りてきたところで地下に潜って 3 両増結し 6 両で市街へ向かったり、田代・夏川からそれぞれ来た 3 両を併結したりすることになります。同じ事は岩木線・安原線の賀田 (よした) でも発生します。
ご自身の作品で、快心だと思われた妄想路線図を教えてください。 (今回、掲載する路線図以外に快心のものがございましたら、そちらでも構いません)	埼玉県のさいたま市中央区を舞台にした「さいたま市電」がお気に入りです。中央区 (旧・与野市) は区名の割にぼんやりした所であるため、さいたま市役所を与野に持ってきたら一体どうなるのか考え、路面電車を敷いてみました。雰囲気の良い宿場町である与野の中心部を小さな電車が走っているのを想像するとほのぼの・わくわくしますし、何より浦和と大宮をほぼ無視した「さいたま市電」を敷くことに新鮮さを覚えます。
今後の御社の妄想路線はどのような展開をお考えですか? ダイヤ改正並びに種別増加、延伸予定、新計画などのビジョンをお聞かせください。	津賀野でぶつ切りになっている相馬線の藤崎延伸、もしくは弘前から撫牛子・津賀野を経由し藤崎に至る路線の構想があります。相馬～葛原～船沢～高杉～三世寺～境関～石川と弘前市の外周をぐるっと結ぶ外環線についても検討中です。種別・ダイヤの面では東西線・岩木線について快速列車の運行を検討しています。東西線は田園を始発として弘前・中央弘前・相馬のみに停まり、田代までを季節限定で運行する快速があると良さそうです。これは田代で白神山地(暗門・津軽峠) へ向かうバスに接続することで、地下鉄の観光需要を開拓する狙いがあります。岩木線についても同様で、百沢・嶽・湯段の各温泉や岩木山神社・百沢スキー場・岩木山スカイラインへの観光客輸送を主な目的とした快速列車の運行が必要であると考えます。

H こだわり

曾祖父が地図描きを職業にしていたこともあり、路線図を描くこと自体が楽しみになっています。運営より「ない路線図を描く」方に主眼を置いていて、架空の路面電車や中小規模の私鉄の路線図を大量（？）に生んでいます。飽き性なので、ひとつの路線を細かく描写するよりは思いつきのまま図を作る方が向いているのかもしれません。路面電車や地下鉄の場合、住居表示や宅地開発などで失われた地名を多く採用して路線図内の地名に多様性を出すことがこだわりです。

相馬線沿線・紙漉沢～坂市。

久野 MEMO

青森にもついに"地下鉄・温泉駅"が!!路線バスのバス停をメトロ化。ローカル色溢れる名路線

まず、何より小学生の頃から着手されていた歴史に感動！地図がお好きな"地形鉄"の血を、曾祖父から受け継いでいるというルーツにも"鉄道サラブレッド家系"の才能を感じます。「石川」「新石川」などの地名も、高度経済成長期に拡大した鉄道の王道に倣っていて親しみが湧きます。一方で、「獄温泉」「湯段温泉」など温泉駅が連続する岩木線には、地下鉄とはいえ地方鉄道らしい観光資源の豊富さや土地の魅力が凝縮されていてグッときます！　マッコウクジラ風車両も沿線に似合いそう♪

南田 MEMO

温泉地への接続で地下鉄のイメージを変える！城下町ならではの駅名が続き地元＆観光客にも便利

きめ細かい路線を経営されていらっしゃいます。たしかに弘前駅と中央弘前駅、いい具合に離れているんですよね。そこを地下鉄で結ぶのは非常にありがたい。JR奥羽本線との乗り入れを検討、断念されたところも素晴らしいです。城下町ならではの駅名も多数存在し、地元の方々へも観光客の皆さんへも便利な地下鉄になってる印象です。1つ押さえておきたいのは、地下鉄は都市の交通、アーバンなイメージがありますが、真逆とも言える温泉地を結んでいるところ。新しい地下鉄の提案です。

野月 MEMO

東北随一の400万大都市！誇大妄想路線を、現実とのギャップも楽しみの一つとして愛でる！

実在する都市の人口を増やすという手法に驚愕しました。弘前市に地下鉄6路線、中央弘前駅がまさに中央のターミナルとして、輝いて見えます。本州最北の地下鉄の称号を、仙台から持ち去るという暴挙とも言える妄想がたまりません。直通先の弘南鉄道の車両が、地下鉄日比谷線の直通運転を前提に設計された、元東急7000系であることに、説得力さえ持たせてしまう大変な妄想鉄道です。ここまでやっておいて、JR奥羽本線との直通を、電化方式の違いで躊躇しているところが奥ゆかしいです。

新潟市営地下鉄

にいがたしえいちかてつ

Niigata City Subway

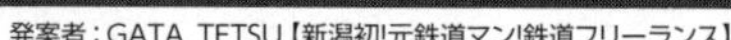

Ⓝ 基本情報

会社名	新潟市営地下鉄《メトロにいがた》	路線数	4 路線	運行種別	普通
運行区間	新潟～とやの～新潟、亀田～南区役所前、新潟～新潟空港～競馬場前、新潟～朱鷺メッセ				
特徴	郊外の大型商業施設・観光施設などの主要地を結ぶ。一部区間では、廃線跡を活用し、中央線・空港線の郊外区間は大部分が地上を走行予定。				

妄想鉄道直撃アンケート Q A

Question	Answer
妄想鉄道に興味がわいた理由。	今思えば、子どものころから路線図や時刻表はもちろん、乗務員行路表や運賃表を自分で作ったりしていました。実は数年前まで首都圏某駅で駅員として勤務しており、路線図や時刻表は愛読書でした。仕事をする上で、子どもの頃に培った路線図や時刻表を見る力を最大限に生かすことができました。全国の時刻表や路線図を見て「ここに○○線や○○駅があれば便利では?」など様々なことを妄想していました。そしてふと子どものころに描いていた「自分が住んでいる街で路線図や時刻表を作ってみたい」という夢を思い出し、作成に至りました。
あえて妄想「地下鉄」を運営するに至った理由を教えてください。	私が住む新潟市は、日本海側唯一の政令指定都市でありながら「私鉄」や「地下鉄」が残念ながら存在しません。新潟県は言わずと知れた「雪国」であり、冬場は天気が荒れる日が多いです。しかし、現実的にも地下鉄であれば、天候の悪条件の影響は極力少ないと思い、あえて地下鉄を妄想しました。
現在の妄想路線図の状況や、ご自身のこだわりを教えてください。	新潟市内は、新潟駅と中心市街地の距離が離れている位置関係なので、逆に妄想しやすかったです。郊外の大型商業施設・公共施設・観光施設などの主要地を結ぶよう、心掛けました。また、建設費用削減にも努めました。一部区間では、廃線跡（新潟交通電車線や沼垂貨物線）を活用し、中央線・空港線の郊外区間は大部分が地上を走行予定です。
現在運営している、妄想鉄道のダイヤ概要を教えてください。	全線終日、基本ダイヤは 15 分間隔。朝夕ラッシュ時は 8 ～ 10 分間隔で運行。中央線・空港線は、終日、途中駅折り返し列車も存在します。みなと線は朱鷺メッセにて、大型イベント開催時は増発されます。
ご自身の作品で、快心だと思われた妄想路線図を教えてください。（今回、掲載する路線図以外に快心のものがございましたら、そちらでも構いません）	自分自身で、一から作成した、この「新潟市営地下鉄」です。 以前から、自分の中で秘めていた想いを大いに描けた、この作品、そのものが快心 だと感じます。 地下鉄が無い街に、ゼロから妄想する事は難しかったですが、その分、既存路線の 影響が少なく、線路や駅などを自由に妄想が出来る事が醍醐味でした。
今後の御社の妄想路線はどのような展開をお考えですか? ダイヤ改正並びに種別増加、延伸予定、新計画などのビジョンをお聞かせください。	・空港線→JR 豊栄駅を経由して「月岡温泉駅」まで、第三セクター「月岡高速鉄道」が開業し、直通運転予定。 ・中央線→朝夕のラッシュ時は「快速」運行予定。快速のみ、信越線「長岡駅」まで直通運転。（信越線内 各停） ・中央線支線（白山公園⇄水族館・附属学校前）→支線内折り返し運転に切替予定。 ・鳥屋野潟線→タウン上所⇄万代シティ間 「南万代駅（仮）」新駅開業予定。

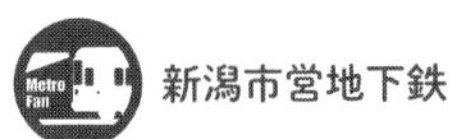

路線図

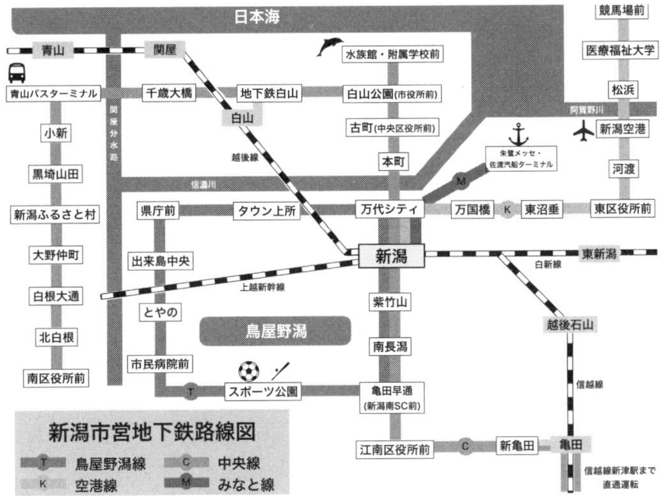

久野 MEMO

本物鉄（＝元駅員さん）によるお客様ファースト路線。地上区間も想定、観光需要まで掘り起こす！

久々に新潟鉄旅に出たときの「線路が繋がっていたら…！」を思い出しました。新潟市営があったらもっと市内を巡れたかな（笑）。廃線鉄的には、建設費の削減のため廃線跡を活用されているのにも大拍手！　一方で、地下鉄として本格的な空港線を有し、主要観光地にダイレクトアクセスできる点にパリのRER（イル＝ド＝フランス）を彷彿させるスタイリッシュさも。急行地下鉄としての機能を担うところも類似します。中央線はほぼ地上とのことで、夕暮れ時に信濃川を渡る絶景を見てみたい！！

南田 MEMO

雪国新潟で生活密着を意識した市民に優しい路線。新潟の未来もこれでますます明るくなる！

雪国の新潟で、天候に影響されない交通機関をという着眼点。利用者に寄り添った妄想地下鉄ですね。市役所前や市民病院前など生活に密着した路線を経営されていらっしゃいます。注目は「亀田早通」。郊外のショッピングモールは、駅から遠いところにある場合が多くマイカーでのお買い物が中心なので、この駅は意義深い。新潟競馬場が始発駅なのも嬉しく、開催日程は最終レースに合わせて臨時列車が運行されるのでしょう。今後のビジョンも具体的で立体的。新潟の未来も明るく感じます。

野月 MEMO

政令指定都市でありながら、市内にJR在来線・新幹線以外の鉄道がないという忸怩たる思い

この路線を作った気持ちがとてもわかります。地元に足りないものを……！　という原動力が生んだ妄想鉄道ですね。土地勘を生かした非常に現実的な妄想で、廃線跡を利用しているところや、万代シティをターミナル駅とし、一駅離れたJR新潟駅とを全線が結んでいる点は、私が幼稚園～高校まで在住した札幌の地下鉄を彷彿とさせてくれました。支線が2つある点が気になっていたのですが、今後の事業計画を拝読すると、新線との接続と区間運転化の計画があるとのことで、大いに納得しました。

メトロセブン・エイトライナー

カオストレインさん(@chaostrain)が運営する妄想鉄道①

Metroseven, Eightliner

基本情報

会社名	メトロセブン・エイトライナー	路線数	2路線	運行種別	普通・急行
運行区間	葛西臨海公園～赤羽、赤羽～羽田空港				
特徴	メトロセブン・エイトライナーは東京を大きく回る環状型の地下鉄。乗り換え駅が多いことも特徴。				

路線図

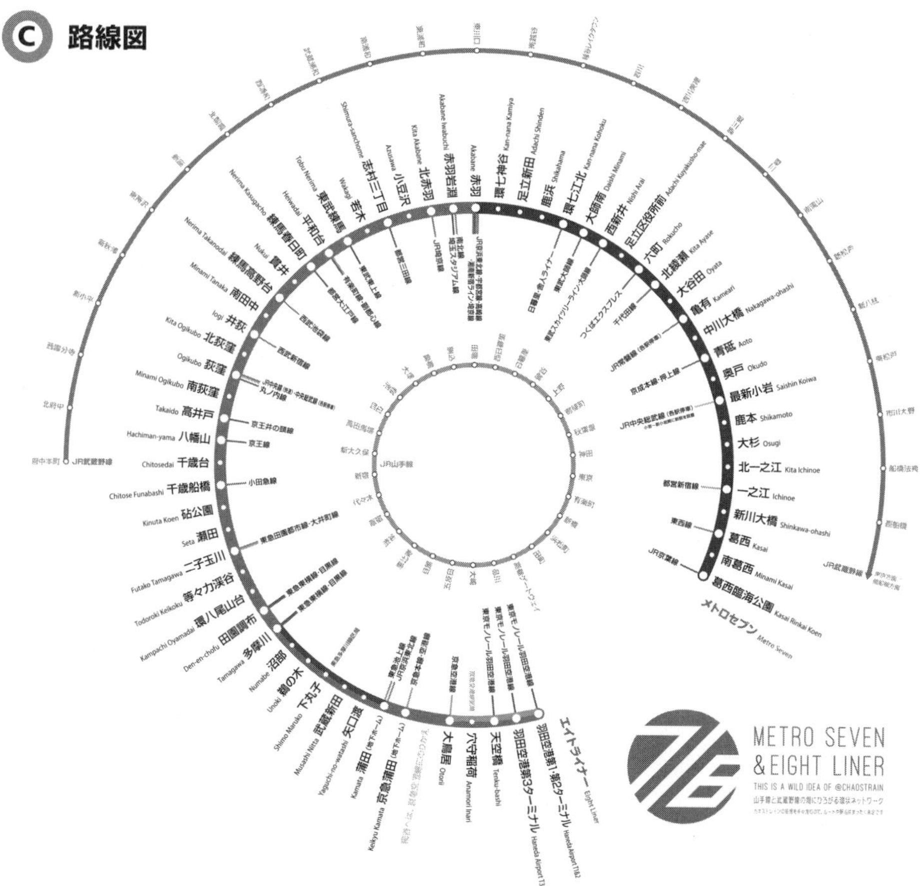

C メトロセブン＆エイトライナー運行ダイヤ案

葛西臨海公園⇔羽田空港の快速1本・普通1本と、
葛西臨海公園⇔京急蒲田の普通2本の計4本を【20分サイクル】で運行
葛西臨海公園〜京急蒲田の快速停車駅では毎時12本、快速通過駅では毎時9本が停車

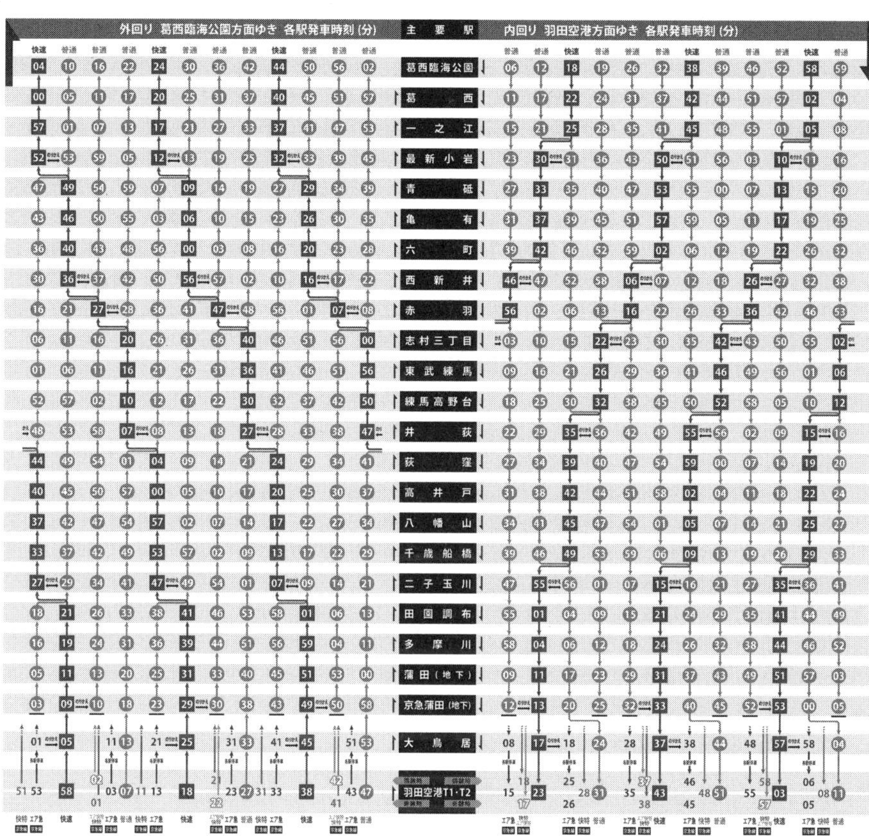

ダイヤのポイント

point of route map

多摩川駅〜蒲田駅間は東急多摩川線を改軌したうえで乗り入れ、大鳥居駅〜羽田空港第1・第2ターミナル駅間は京急空港線に乗り入れる形態です。全線での運行が基本ですが、京急空港線内はただでさえ過密ダイヤなので、エイトライナー側から乗り入れられるのは毎時6本程度。そのため、京急蒲田駅で折り返す列車も数多くあるというダイヤ設定になっています。また、東京都心の外郭部を結ぶ特性上、短距離の利用も多いと想定されるため、ラッシュ時は普通列車のみを2〜3分間隔で運行しています。一方、平日の日中時間帯と、土休日の終日（早朝・深夜を除く）は、中長距離利用者の利便性を図るためにも急行を走らせています。毎時急行3本・普通9本の割合がほどよく、主要駅で緩急接続しています。最新小岩駅では、上下線が同じタイミングで緩急接続するため2面4線の設備が必要ですが、それ以外の接続駅は上下線共用の中線をホームが挟み込む2面3線の構造で十分です。

妄想鉄道直撃アンケート

Question	Answer
妄想鉄道に興味がわいた理由。	私の場合、自分自身の妄想というよりも、各鉄道事業者の未成に終わった計画路線をベースに妄想鉄道を考えることが多いです。実際に計画・立案された路線が未成線になってしまう理由は様々ありますが、そこには必ず計画者の夢やロマンが詰まっていたはず。その夢が現実のものとなっていたら世界はどう違っただろう？と想像を膨らませることで、当時にタイムスリップしたような感覚を味わえるところが魅力です。
あえて妄想「地下鉄」を運営するに至った理由を教えてください。	地上路線だと、既存の建物や地形などの制約をつい考えてしまい、妄想が「詰む」ことが多いのです。とは言え、それらの制約をすべて無視してしまうと、まったく現実味の感じられない妄想鉄道になってしまいます。その点、地下鉄道であれば（建設予算は度外視になりますが）実現可能性がゼロではなさそうな妄想鉄道をつくることができますし、つくりがいもあります。
現在の妄想路線図の状況や、ご自身のこだわりを教えてください。	私が今回つくった路線図は、すっかり頓挫しているメトロセブン・エイトライナーの計画をベースに、東京郊外へ放射状に伸びる路線同士を結節するようなルートを意識しています。JR 山手線と JR 武蔵野線の間にもう 1 本の外郭環状線ができるイメージであり、路線図の形状もその点を意識しています。JR 中央・総武線（各駅停車）との交点にのりかえ駅を設けるにあたり、その駅名に悩みましたが、小岩駅と新小岩駅に次ぐ小岩エリアの駅なので「最新小岩駅」と名付けました。これはこだわりと言うよりもネタ要素が強いですが、個人的には気に入っていますし、皆さんにも笑っていただけて嬉しいです。
ご自身の作品で、快心だと思われた妄想路線図を教えてください。 （今回、掲載する路線図以外に快心のものがございましたら、そちらでも構いません）	居住地である名古屋のものになりますが、名古屋が「2100 年に日本の首都になったら」というコンセプトでつくった路線図があります。鉄道空白地帯をカバーできるので、資金が無限にあればぜひ実現してほしい路線網です。また、現在の愛知環状鉄道線～JR 中央本線～城北線～あおなみ線を直通で結ぶという、真の「愛知環状鉄道線」の路線図も個人的には気に入っています。
今後の御社の妄想路線はどのような展開をお考えですか？ ダイヤ改正並びに種別増加、延伸予定、新計画などのビジョンをお聞かせください。	東の終着駅である葛西臨海公園駅は、暫定的なターミナルという位置づけです。JR 京葉線にこれ以上乗客が集中することは避けたいですし、東京駅ののりかえも距離があり不便です。メトロセブンは早期に新木場駅まで延長し、りんかい線や有楽町線にもスムーズにのりかえられるルートを確立することを視野に入れています。また、費用対効果を考えると単線でのシャトル輸送でも十分かもしれませんが、葛西臨海公園駅～舞浜駅間の支線をつくり、TDR への輸送需要を取り込む計画もあります。

Ⓒ 計画中のエイトライナー・メトロセブンとは？

環七と環八という環状道路の地下に鉄道を通す計画。葛西臨海公園から亀有、赤羽、荻窪から田園調布までの約 60 キロを結ぶもの。国土交通省では、両路線をあわせて「区部周辺部環状公共交通」と呼んでいる。開業予定時期は未定。

C 停車駅

メトロセブン

葛西臨海公園 ― 南葛西 ― 葛西 ― 新川大橋 ― 一之江 ― 北一之江 ― 大杉 ― 鹿本 ― 最新小岩 ― 奥戸 ― 青砥 ― 中川大橋 ― 亀有 ― 大谷田 ― 北綾瀬 ― 六町 ― 足立区役所前 ― 西新井 ― 大師南 ― 環七江北 ― 鹿浜 ― 足立新田 ― 環七神谷 ― 赤羽

エイトライナー

赤羽岩淵 ― 北赤羽 ― 小豆沢 ― 志村三丁目 ― 若木 ― 東武練馬 ― 平和台 ― 練馬春日町 ― 貫井 ― 練馬高野台 ― 南田中 ― 井荻 ― 北荻窪 ― 荻窪 ― 南荻窪 ― 高井戸 ― 八幡山 ― 千歳台 ― 千歳船橋 ― 砧公園 ― 瀬田 ― 二子玉川 ― 等々力渓谷 ― 環八尾山台 ― 田園調布 ― 多摩川 ― 沼部 ― 鵜の木 ― 下丸子 ― 武蔵新田 ― 矢口渡 ― 蒲田 ― 京急蒲田 ― 大鳥居 ― 穴守稲荷 ― 天空橋 ― 羽田空港第3ターミナル ― 羽田空港第1・第2ターミナル

久野 MEMO

「欲しい！」「便利！」「待ってました！！！」地下鉄の完成形がココに！？今すぐ開業希望です！

能町さんの環七線（→ P.121）にも通じる、東京都心部の「ここに鉄路が欲しかった！」を全て叶えてくれる2路線。ビジュアルの美しさや緻密なダイヤはもちろん、現在進行形の未成線ロマンまで複数継承とは…！　妄想鉄の野辺山駅…もとい最高峰です！！　大田区のニュース番組を担当していたとき、何度も報道してきた蒲蒲線構想に新たな提言をされているのもすごい！　東急多摩川線を改軌し、大鳥居から京急空港線接続＆乗り換えなしでアクセスできるなんて。外国人観光客にも優しいですね♪

南田 MEMO

首都圏の交通問題解消が期待される2路線。新駅の名前から伝わる経営者のメッセージ

首都圏の鉄道であったらいいのにと思う都心から放射状に伸びる各路線を串刺しにする路線。この2路線があると東京の交通の抱える問題はいくつか解消されるのではないかと思います。東急多摩川線を改軌して乗り入れるという大胆な計画。これは東急線との折衝もいとわない、経営者の覚悟の表れ。駅の配置も各路線との接続はバッチリで、一之江や六町、井荻など渋めの駅で接続するのがポイント。あと、「等々力渓谷」や「最新小岩」など駅名に込めた思いがとても伝わってきます。

野月 MEMO

首都圏の王道妄想路線ここにあり！これから妄想鉄道を始めたい方への指南ともなる路線

環七と環八に沿う鉄道路線は、かねてから計画案があるルートで、首都圏でも妄想しやすい王道ともいえる路線です。この複数の計画線を大変うまくまとめておられますね。外郭環状線というところも、既存の路線との接続をとるという点で、非常に妄想のしがいがあります。また、数々の「新〇〇駅」の後続駅問題に一石を投じた「最新小岩駅」も鋭い視点ですね。採算性や他社への直通を配慮したダイヤなど、妄想鉄道に必要な経営者としての感覚をお持ちであると感じさせられました。

名古屋市営地下鉄

カオストレインさん(@chaostrain)が運営する妄想鉄道②

← Nagoya City Subway →

本業はグラフィックデザイナー・ディレクターのカオストレインさんは、他にもさまざまな妄想鉄道を考案しています。今回はもう二つ、名古屋市営地下鉄と愛知環状鉄道をご紹介いただきました！

中川区の高畑から、名駅・栄・千種・本山を通り、名東区の藤が丘へ。
名古屋市営地下鉄の最主要路線として、高頻度な運行を実現。
名古屋～伏見間には、開通から100年以上の時を経て柳橋駅が開業。

朝：2分間隔　昼：4分間隔　夕：2分30秒間隔

全国で唯一、環状運転を行う地下鉄路線。1周50分の環状運転のほか、
金山～栄～大曽根間は、名港線からの直通列車があるため本数が倍増。

朝：2分間隔　昼：4分間隔　夕：3分間隔　（金山～上前津～栄～大曽根）
朝：4分間隔　昼：8分間隔　夕：6分間隔　（金山～八事～本山～大曽根）

名城線の金山から分岐し、港区の名古屋港へ至る路線。
早朝・深夜を除き、名城線の栄・大曽根方面へと直通運転する。
日比野・東海通で出来町線と接続し、名城線の混雑緩和にも貢献。

朝：4分間隔　昼：8分間隔　夕：6分間隔

西区の上小田井から、昭和区・天白区などを経由し、日進市の赤池へ。
名鉄犬山線～鶴舞線～名鉄豊田線の長距離にわたる直通運転も実施。
通勤利用のほか、沿線の大学・高校への通学客にも重宝される路線。

朝：3分間隔　昼：6分間隔　夕：5分間隔

あま市の七宝から、大治町・名古屋市内を通り抜け、豊明市の豊明へ。
名鉄津島線と直通運転。豊明では名鉄本線と対面での乗り換えが可能。

朝：4分間隔　昼：6分間隔　夕：5分間隔　（名古屋市内）
朝：8分間隔　昼：10分間隔　夕：10分間隔　（郊外部）

北区の上飯田から、名古屋市内を縦断。鳴海を通り、東郷町の白土へ。
名鉄小牧線～上飯田線～名鉄名古屋本線の直通運転を行う。
鳴海では地下ホームに発着し、駅東側で名鉄本線と合流する。

朝：5分間隔　昼：7分30秒間隔　夕：6分間隔

金山線計画を踏襲したもので、中川区の戸田から、金山を経由して、豊山町の県営名古屋空港へ至る。近鉄と直通運転し三重県内へも直結。鶴舞では上飯田線と対面接続。（赤坂見附や大国町のような構造）

朝：5分間隔　昼：7分30秒間隔　夕：6分間隔

名駅から、中川区・港区を縦断し、金城ふ頭へ。利便性向上のため、名古屋臨海高速鉄道から移管され、市営地下鉄と運賃形態を統合。名駅からはJR城北線・中央線へ直通し、勝川・高蔵寺方面へ直結。

朝：5分間隔　昼：7分30秒間隔　夕：6分間隔

名駅から、若宮大通の下を走り、東部の日進市・東郷町・豊明市へ。東山線のバイパスとしても機能し、名駅ホームは東山線の直下に設置。また、ささしまライブへの短絡線を通り、あおなみ線と直通運転。

朝：4分間隔　昼：6分間隔　夕：5分間隔（名古屋市内）／　朝：8分間隔　昼：10分間隔　夕：10分間隔（郊外部）

金山から、東郷町・みよし市を経由し、豊田市の土橋・三河豊田へ。各市町の頭文字から「とみとよ線」。金山では2面3線のホームのうち中線に発着し、金山空港線の両方面ゆきの列車と対面乗り換えが可能。

朝：5分間隔　昼：7分30秒間隔　夕：6分間隔（名古屋市内）／　朝：8分間隔　昼：10分間隔　夕：10分間隔（郊外部）

蟹江町の富吉から、東海通・江川線・出来町通に沿って、藤が丘へ。基幹バス新出来町線の置換路線で、市内の鉄道空白地帯をカバーする。

朝：8分間隔　昼：10分間隔　夕：10分間隔　（富吉～日比野）
朝：5分間隔　昼：7分30秒間隔　夕：6分間隔　（日比野～市役所～藤が丘）

市東部のアクセス向上として、春日井市の勝川から、名二環に沿って、守山区・名東区・天白区・緑区を縦断し、東海市の名和へ至る。名鉄常滑線との接続で、中部国際空港へ行くのも便利に。

朝：5分間隔　昼：7分30秒間隔　夕：6分間隔

ガイドウェイバスゆとりーとラインを市営交通へと完全に移管し、高架区間・平面区間とも210円均一で乗車できるよう整備。割高感の否めなかった守山・志段味地区の交通状況が改善。

朝：2分間隔　昼：7分30秒間隔　夕：5分間隔　（バス車両での運行）

市営交通ではないが、地下鉄との乗継の場合は、片道の合算運賃から100円を割り引く運賃形態とし、急増する長久手市民の需要に対応。3両編成ながら、完全自動運転のためフレキシブルな増発が可能。

朝：4分間隔　昼：6分間隔　夕：5分間隔

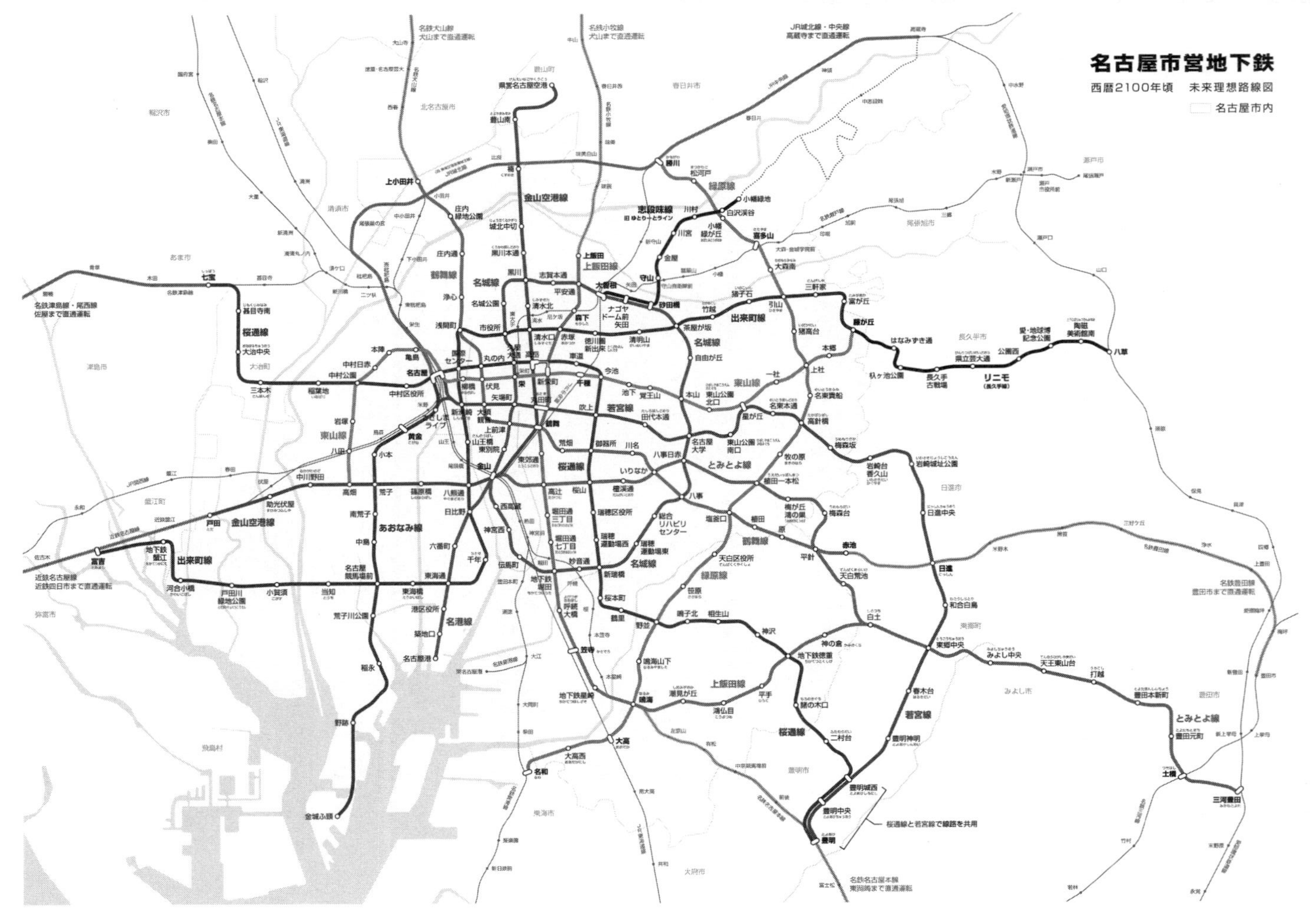
名古屋市営地下鉄
西暦2100年頃　未来理想路線図
名古屋市内
金山空港線
出来町線
桜通線
名城線
鶴舞線
東山線
上飯田線
若宮線
とみとよ線
志段味線
旧 ゆとりーとライン
緑原線
リニモ
あおなみ線
名港線
桜通線と若宮線で線路を共用
名鉄津島線・尾西線
佐屋まで直通運転
近鉄名古屋線
近鉄四日市まで直通運転
名鉄名古屋本線
東岡崎まで直通運転
名鉄豊田線
豊田市まで直通運転
JR城北線・中央線
高蔵寺まで直通運転
名鉄犬山線
犬山まで直通運転
名鉄小牧線
犬山まで直通運転

愛知環状鉄道

カオストレインさん(@chaostrain)が運営する妄想鉄道③

 AICHI LOOP LINE →

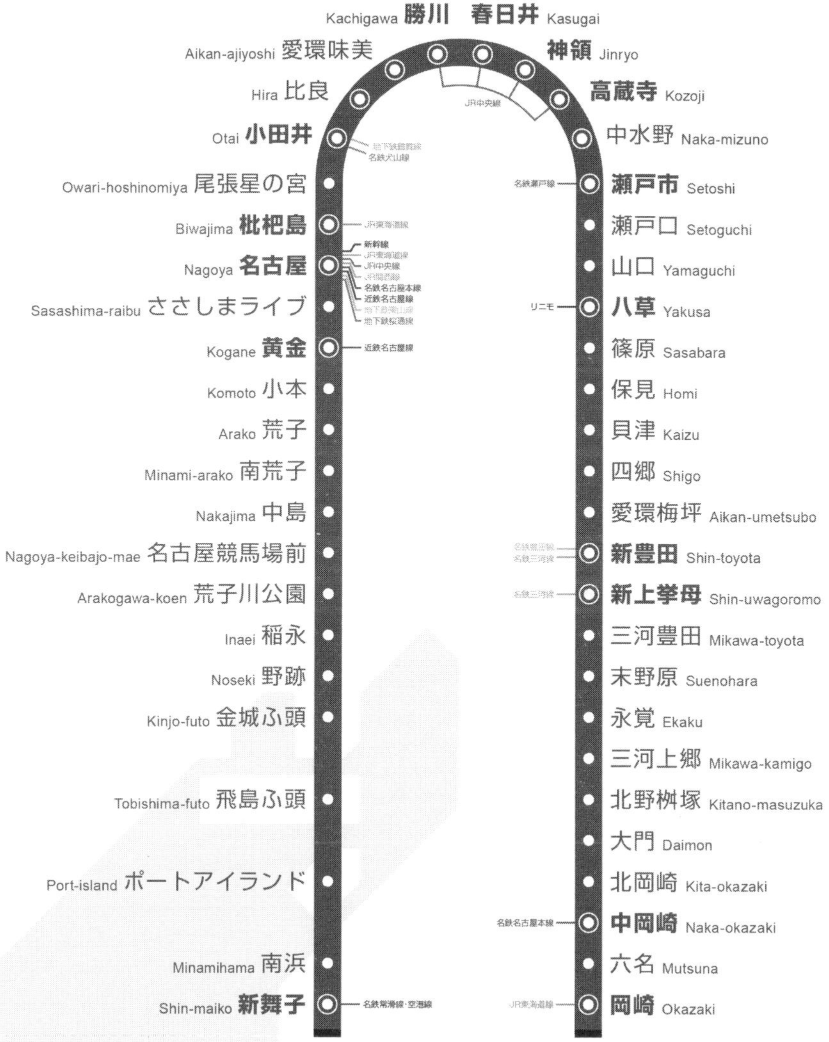

Kachigawa 勝川
春日井 Kasugai
Aikan-ajiyoshi 愛環味美
神領 Jinryo
Hira 比良
高蔵寺 Kozoji
JR中央線
Otai 小田井 — 地下鉄鶴舞線、名鉄犬山線
中水野 Naka-mizuno
Owari-hoshinomiya 尾張星の宮
瀬戸市 Setoshi — 名鉄瀬戸線
Biwajima 枇杷島 — JR東海道線
瀬戸口 Setoguchi
Nagoya 名古屋 — 新幹線、JR東海道線、JR中央線、JR関西線、名鉄名古屋本線、近鉄名古屋線、地下鉄東山線、地下鉄桜通線
山口 Yamaguchi
Sasashima-raibu ささしまライブ
八草 Yakusa — リニモ
Kogane 黄金 — 近鉄名古屋線
篠原 Sasabara
Komoto 小本
保見 Homi
Arako 荒子
貝津 Kaizu
Minami-arako 南荒子
四郷 Shigo
Nakajima 中島
愛環梅坪 Aikan-umetsubo
Nagoya-keibajo-mae 名古屋競馬場前
新豊田 Shin-toyota — 名鉄豊田線、名鉄三河線
Arakogawa-koen 荒子川公園
新上挙母 Shin-uwagoromo — 名鉄三河線
Inaei 稲永
三河豊田 Mikawa-toyota
Noseki 野跡
末野原 Suenohara
Kinjo-futo 金城ふ頭
永覚 Ekaku
三河上郷 Mikawa-kamigo
Tobishima-futo 飛島ふ頭
北野桝塚 Kitano-masuzuka
大門 Daimon
Port-island ポートアイランド
北岡崎 Kita-okazaki
中岡崎 Naka-okazaki — 名鉄名古屋本線
Minamihama 南浜
六名 Mutsuna
Shin-maiko 新舞子 — 名鉄常滑線・空港線
岡崎 Okazaki — JR東海道線

平塚市営地下鉄

ひらつかしえいちかてつ

← **Hiratsuka City Subway** →

 基本情報

会社名	平塚市営地下鉄	路線数	7 路線	運行種別	普通
運行区間	大山ケーブル～鶴巻温泉、愛甲石田～茅ヶ崎、秦野～松風町、本厚木～須賀、中井～寒川、秦野～平塚、二宮～四ノ宮				

H 路線図

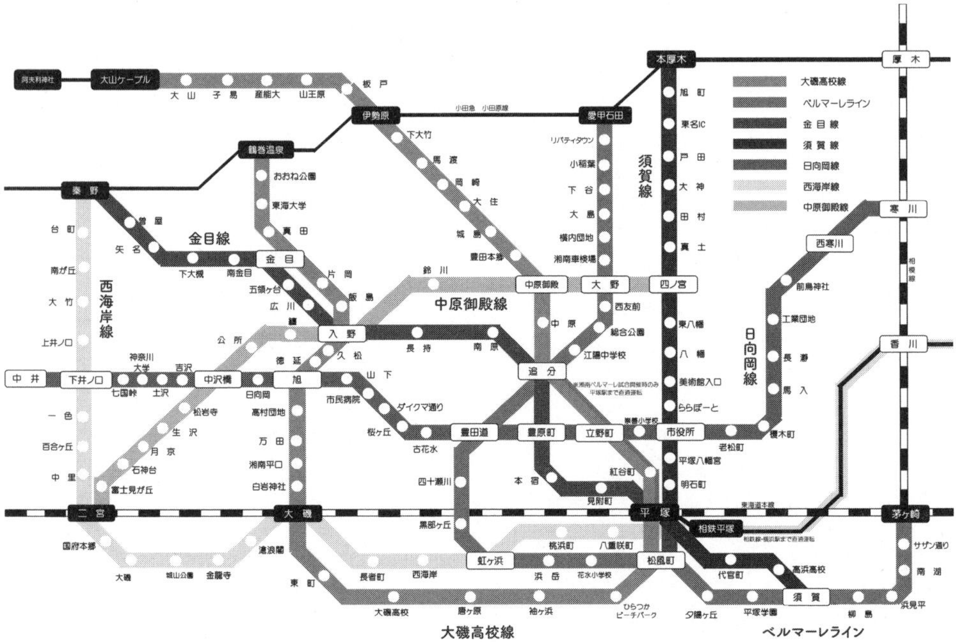

平塚市交通局（平塚市営地下鉄）
1 号線（大磯高校線）
1000 系車両

平塚市交通局（平塚市営地下鉄）
2 号線（ベルマールライン）
2000 系車両

平塚市交通局（平塚市営地下鉄）
3 号線（金目線）
3000 系車両

平塚市交通局（平塚市営地下鉄）
4 号線（須賀線）
4000 系車両

平塚市交通局（平塚市営地下鉄）
5 号線（日向岡線）
5000 系車両

平塚市交通局（平塚市営地下鉄）
6 号線（西海岸線）
6000 系車両

平塚市交通局（平塚市営地下鉄）
7 号線（中原御殿線）
7000 系車両

路線別紹介

	イメージカラー	
大磯高校線	ピンク	大山ケーブル～伊勢原～中原御殿～追分～松風町～大磯高校～大磯～旭～金目～鶴巻温泉
ベルマーレライン	ライトグリーン	愛甲石田～大野～追分～豊田道～虹ヶ浜～松風町～須賀～茅ヶ崎 ※湘南ベルマーレ試合開催時のみ追分から平塚まで直通運転
金目線	赤	秦野～金目～入野～追分～平塚～松風町
須賀線	青	本厚木～四ノ宮～市役所～平塚～須賀
日向岡線	緑	中井～中沢橋～豊田道～市役所～西寒川～寒川
西海岸線	黄色	秦野～下井ノ口～二宮～大磯～虹ヶ浜～平塚～相鉄線・横浜駅まで直通運転
中原御殿線	オレンジ	二宮～中沢橋～入野～中原御殿～四ノ宮

妄想鉄道直撃アンケート

Question	Answer
妄想鉄道に興味がわいた理由。	高校生の頃ですが、当時の「営団地下鉄の路線図」に憧れていました。縦・横と45度の角度だけで構成された路線図は、ビジュアル的にもデザイン的にも、最高に完成度の高い「作品」と思っており、自分が住んでいる「地元」で同じような「路線図」を描きたいと思ったのが最初のきっかけです。
あえて妄想「地下鉄」を運営するに至った理由を教えてください。	自分の生まれ育った「平塚市」は、人口が約25万人というそこそこの都市でありながら、鉄道の駅が「JR平塚駅」1つだけという、おそらく全国でも有数の「人口あたりの駅が少ない町」ではないかと思っていました。そんなことで、「駅」をたくさん抱えている市になってほしいという願望から、市営地下鉄を考えました。
現在の妄想路線図の状況や、ご自身のこだわりを教えてください。	おそらく、平塚市在住の方が見ると、「なんじゃこれは！」というくらい、ツッコミどころが満載だと思います。基本的に、自分が住んでいる所から、自分が良く行く場所に行くのが便利なように路線を「設置」いたしました。よって、実際の交通流動や、利便性などはあまり考慮せず、「路線図」としての「ビジュアル」、「マップ」としての見た目の美しさを重視しております。（真面目に路線を考えている皆さま、ごめんなさい！） 2号線だけ愛称が「ベルマーレライン」となっていますが、これは「ベルマーレ平塚（当時）」が路線名のネーミングライツを取得したもので、本拠地の平塚競技場の最寄りの「総合公園」の設置に加え、路線カラーや車両塗装もチームカラーである「ライトグリーン」を採用しております。 また、各線の車両は、当時好きだった「営団6000系」と「国鉄201系」に影響を受けてデザインされたものです。車両のデザインは路線が出るたびに変わっていく鉄道会社もありますが、当社ではあえて基本デザインを踏襲し、行先幕やライトの位置を変化させる事でバリエーションを出しております。
現在運営している、妄想鉄道のダイヤ概要を教えてください。	あくまでビジュアル重視なので「駅の多さ」がポイントで、自分になじみのある地名をたくさん「駅名」にしたかったので、実際運行すると「路面電車」並みにすぐ次の駅に着いてしまい、「高速鉄道」の意味がないかな？と反省しております。
今後の御社の妄想路線はどのような展開をお考えですか？ ダイヤ改正並びに種別増加、延伸予定、新計画などのビジョンをお聞かせください。	7号線・中原御殿線の名称の由来である「中原御殿」は、江戸時代に徳川家康の別荘である「御殿」があった場所で、神奈川県の「中原街道」や川崎市の「中原区」南武線の「武蔵中原駅」などは、すべてこの「中原」が語源なのです。そのため、「徳川家康公」が通ったルートとして、東へは中原街道に沿った延伸を、また西へは同様にゆかりのある小田原方面への延伸を「歴史的意義」のある事業として検討をしております。

ダイヤのポイント

point of route map

①相鉄いずみ野線との相互乗り入れ
相鉄線は、平塚駅までの延伸免許を持っております。現在では、実現はかなり難しいかな?と思いますが、作成当時は「完成」を夢見ており、実現を前提に「相互乗り入れ」を一方的に「実現」しました。
② JR 相模線との接続
JR 西寒川駅から、相模線への直通運転を計画していましたが、西寒川支線が残念ながら廃止されたことにより、代替交通機関として、この廃線跡を活用して、寒川駅までを営業区間としました。
③「追分駅」を方向別配線にしたことにより、2号線ベルマーレラインから1号線大磯高校線への乗り入れが可能となったため、Jリーグ開催時には「総合公園駅」から「平塚駅」への直通運転を行うことで、観客輸送の利便性を高めることができました。
④6号線・西海岸線の「二宮駅〜秦野駅」間は、かつての軽便鉄道「湘南軌道」をリスペクトして、同線の廃線跡を偲んで設置しました。
⑤世間では、「スカ線」といえば「JR 横須賀線」ですが、当社の 4 号線は、正真正銘の「本家・須賀線」です。(なぜか路線カラーも同じブルー?)

久野 MEMO

「自分の街に駅が欲しい!」「生活を便利にしたい!」ピュアな動機で生まれた、原点的妄想鉄!

目を引くのが、ベルマーレライン。私の「久野沖縄鉄道」も野球線がありますが、沿線ゆかりのスポーツと絡めるのは定番ですね♪　ネーミングライツを路線に活用する今っぽさも◎。湘南となった現在、今後路線名が変わるのかも気になります。地下鉄から大山ケーブルの接続もあり、地下鉄として初の鋼索線乗り継ぎができるのも夢があります!　叶うなら、イスタンブール地下鉄のように、ケーブルにして直接大山に乗り入れて欲しいです(笑)。地元愛と欲望が広がる妄想鉄ですね!

南田 MEMO

地元民に愛着のある呼び名が駅名というのがすばらしい。経営者の私利私欲こそ妄想鉄道を創るエネルギー!

相鉄線の平塚延伸から、この物語は始まります。史実に基づいている点がポイントですね。平塚—須賀間や、金目—入野間の経由地の異なる2路線が並走しているのも楽しく、乗換案内は時間により目まぐるしく検索結果が変わるでしょう。ダイクマ通りやサザン通りという地元の方の呼び名が駅名となる現象がすばらしい。Jリーグ開催時に特別ダイヤが編成されるのも面白いですね。経営者の自宅からよく行くところに線路を引きたい、という私利私欲は妄想鉄道を創る大きなエネルギーになります。

野月 MEMO

路線図としての美しさを第一に考え、車両にも統一性を持たせるなど、ビジュアル系妄想鉄道

路線図を描きたい……!　妄想鉄道には様々な起源があるという一例で、鉄道趣味の幅広さを改めて感じます。根底にはやはり路線や駅が少なく、増やしたいという地元愛があり、鉄道ファンはすべからく「地物」であると言えます。私も札幌での小学生の時、バスしかない地元に地下鉄路線を妄想していました(宮の沢駅として実現)。御社路線をおかずに少し妄想を……駅が多く路面電車のよう、とのことで「伊勢原バス停前」はどうでしょう。新幹線の新駅構想にも絡みたいですね。

東京メトロ

車両選手名鑑

営団地下鉄時代の懐かしい車両から
東京メトロの現役営業車両14車種、
まもなくデビュー予定の新型車両まで
全23車種の情報を選手名鑑風に
アレンジして紹介します！
あなたの一番好きな車両、
一番思い出に残る車両はどれですか？

写真提供：東京地下鉄株式会社

名鑑の見方

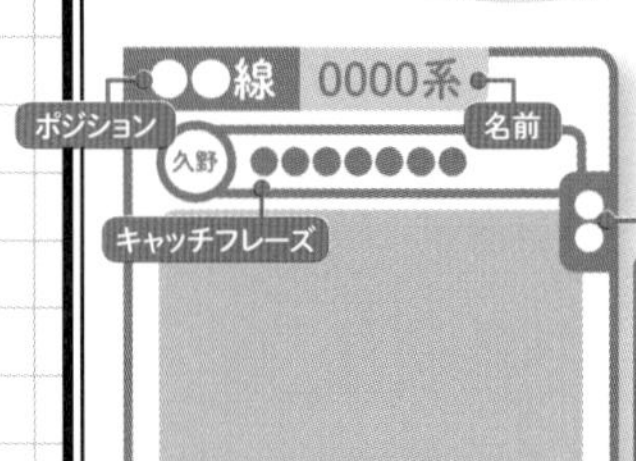

①生年月日　②デビュー日　③スリーサイズ　NHT（mm）長さ（N）、幅（H）、高さ（T）　④体重（t）　⑤家族構成　⑥衣装　⑦本籍地　⑧活動場所　⑨アルファベッドで例えると?　⑩好きな色　⑪背番号　⑫タイトル　⑬引退日　⑭ワンポイント雑学

［現役］
現在走行している営業線

［新人］
今年デビューする予定の営業線

［引退］
すでに引退してしまった列車

＊③：Nは先頭車全長／Tはパンタグラフ折畳み高さ（銀座線・丸ノ内線除く）
＊情報は2021年2月末現在のもの

銀座線　1000系

久野　伝統のレモンイエロー

現役

①2011年　②2012年4月11日　③N：16000、H：2550、T：3465　④25.5～29.1　⑤6両×40　⑥アルミ製　⑦上野検車区　⑧浅草⇔渋谷　⑨G　⑩オレンジ　⑪3号　⑫鉄道友の会ブルーリボン賞（2013年）　⑭東洋初の地下鉄車両「旧1000形」モチーフ

銀座線　01系

南田　イメチェン38人衆

引退

①1983年　②1984年1月1日　③N：16000、H：2600、T：3465　④21.5～29.3　⑤6両×38　⑥アルミ製　⑦上野検車区　⑨G　⑩オレンジ　⑪3号　⑫鉄道友の会ローレル賞受賞（1985年）　⑬2017年3月10日

丸ノ内線　02系

久野　サインウェーブで運だめし!

現役

①1988年　②1988年10月17日　③ N：18000、H：2830、T：3495　④23.1 ～ 31.2　⑤6両×24、3両×6　⑥アルミ製　⑦中野検車区、中野検車区小石川分室　⑧池袋、中野坂上駅（分岐線）⇔荻窪、方南町駅（分岐線）　⑨ M　⑩スカーレット　⑪4号　⑫鉄道友の会グローリア賞（1989年）

丸ノ内線　500形

南田　レジェンドオブ丸ノ内

引退

①1957年　②1957年11月　③ N：18000、H：2790、T：3495　④33.3 ～ 35.4　⑤本線：6両編成　支線：3両編成　⑥アルミ製　⑦中野検車区、中野検車区小石川分室　⑨ M　⑩スカーレット　⑪4号　⑬1996年7月9日　⑭南米アルゼンチンに譲渡された車両が帰還

丸ノ内線　2000系

南田　丸い顔丸い窓で丸く走る

現役

①2018年　②2019年2月23日　③ N：18000、H：2780、T：3480　④28.8 ～ 32.9　⑤6両×31　⑥アルミ製　⑦中野検車区、中野検車区小石川分室　⑧池袋、中野坂上駅（分岐線）⇔荻窪、方南町駅（分岐線）　⑨ M　⑩スカーレット　⑪4号　⑭地下鉄初の全車両コンセント設置

日比谷線　03系

南田　いぶし銀車両

引退

①1988年　②1988年7月1日　③N：18100、H：2830、T：3995　④21.9～32.7　⑤8両×42　⑥アルミ製　⑦千住検車区、千住検車区竹ノ塚分室　⑨H　⑩シルバー　⑪2号　⑫鉄道友の会グローリア賞（1989年）　⑬2020年2月28日　⑭約半数の編成に5ドア車組込

日比谷線　3000系

久野　愛され顔のマッコウクジラ

引退

①1960年　②1961年3月28日　③N：17750、H：2790、T：3995　④31.0～33.0　⑤8両×38　⑥アルミ製　⑦千住検車区、千住検車区竹ノ塚分室　⑨H　⑩シルバー　⑪2号　⑬1994年7月　⑭長電から帰還した2両が綾瀬に保存

日比谷線　13000系

久野　初めての我がコ!?

現役

①2016年　②2017年3月25日　③N：20470、H：2780、T：3995　④33.3～35.4　⑤7両×44　⑥アルミ製　⑦千住検車区、千住検車区竹ノ塚分室　⑧北千住⇔中目黒　⑨H　⑩シルバー　⑪2号　⑭日比谷線初の4ドア車。久野が初めて自動放送を担当した東武線直通車

東西線　05系

南田　千紫万紅バリエーション

現役

①1988年　②1988年11月16日　③N：20270、H：2850、T：4145　④21.5～31.9　⑤10両×30　⑥アルミ製　⑦深川検車区、深川検車区　行徳分室　⑧中野⇔西船橋　⑨T　⑩スカイブルー　⑪5号　⑫鉄道友の会グローリア賞（1989年）　⑭素材やデザインが幾パターンもある

東西線　5000系

久野　マンモス編成車種

引退

①1964年　②1964年12月23日　③N：20000、H：2870、T：4145　④21.5～31.9　⑤7両×20、10両×28　⑥アルミ製　⑦深川検車区、深川検車区　行徳分室　⑨T　⑩スカイブルー　⑪5号　⑬2007年3月17日　⑭営団地下鉄初の20メートル車

東西線　15000系

久野　ワイドな思いやりドア

現役

①2010年　②2010年5月7日　③N：20520、H：2850、T：4088　④24.1～34.0　⑤10両×16　⑥アルミ製　⑦深川検車区、深川検車区　行徳分室　⑧中野⇔西船橋　⑨T　⑩スカイブルー　⑪5号　⑭社会的なニーズでもある、バリアフリーと省エネルギーに配慮した車両

東西線　07系

南田　水色帯も似合うぜ！

現役

①1992年　②2006年11月8日　③N：20070、H：2865、T：4140　④21.8～32.4　⑤10両×6　⑥アルミ製　⑦深川検車区、深川検車区　行徳分室　⑧中野⇔西船橋　⑨T　⑩スカイブルー　⑪5号　⑭有楽町線用としてデビュー。史上初の3路線運行

千代田線 05系

南田 短くなっても働き者

現役

①1988年　②2014年4月28日　③N：20270、H：2850、T：4145　④21.5～31.9　⑤3両×4　⑥アルミ製　⑦綾瀬検車区　⑧綾瀬⇔北綾瀬　⑨C　⑩グリーン　⑪9号　⑭東西線から移籍。東西線時は10両編成だった

千代田線 6000系

南田 これなむ営団地下鉄顔

引退

①1969年　②1971年3月20日　③N：20000、H：2865、T：4145　④24.4～36.8　⑤10両×35、3両×1　⑥アルミ製　⑦綾瀬検車区　⑨C　⑩グリーン　⑪9号　⑬2018年10月5日　⑭一部はインドネシアへ譲渡され、活躍中（→P.87）

千代田線 16000系

久野 シャープな最先端車両

現役

①2010年　②2010年11月4日　③N：20470、H：2848、T：4080　④26.0～33.6　⑤10両×37　⑥アルミ製　⑦綾瀬検車区　⑧綾瀬⇔代々木上原、北綾瀬　⑨C　⑩グリーン　⑪9号　⑫鉄道友の会ローレル賞（2011年）　⑭1次車は、先頭車の貫通路が中央に位置した

千代田線 06系

久野 1編成のみの超レアキャラ

引退

①1992年　②1993年3月18日　③N：20070、H：2800、T：4140　④22.2～32.4　⑤10両×1　⑥アルミ製　⑦綾瀬検車区　⑧綾瀬⇔代々木上原　⑨C　⑩グリーン　⑪9号　⑬2015年8月　⑭1編成しか製造されなかった唯一無二の存在

有楽町線・副都心線 **7000系**

南田 見た目は古いが最新性能

現役

①1974年 ②1974年10月30日 ③N：20000、H：2865、T：4145 ④23.9～37.3 ⑤10両×6、8両×15 ⑥アルミ製 ⑦和光検車区・和光検車区新木場分室 ⑧和光市⇔新木場、渋谷 ⑨Y ⑩ゴールド ⑪8号 ⑭6000系とともに、インドネシアへ譲渡された車両も（→ P.87）

有楽町線・副都心線 **17000系**

久野 ファミリー向け新時代車

新人

①2020年 ②2021年2月デビュー ③N：20470、H：2800、T：4080 ④26.7～32.8 ⑤10両×6、8両×15（予定） ⑥アルミ製 ⑦和光検車区・和光検車区新木場分室 ⑧和光市⇔新木場、渋谷 ⑨F ⑩ブラウン ⑪13号 ⑭グッドデザイン賞（2020年）

有楽町線・副都心線 **10000系**

久野 まんまる顔のパイオニア

現役

①2006年 ②2006年9月1日 ③N：20470、H：2850、T：4105 ④24.2～34.2 ⑤10両×36 ⑥アルミ製 ⑦和光検車区・和光検車区新木場分室 ⑧和光市⇔新木場、渋谷 ⑨F ⑩ブラウン ⑪13号 ⑭東京メトロ発足後、初の新形式車両

半蔵門線　08系

久野　ラストオブ営団地下鉄

現役

①2002年　②2003年1月7日　③N：20240、H：2850、T：4140　④21.9～31.4　⑤10両×6　⑥アルミ製　⑦鷺沼検車区　⑧渋谷⇔押上　⑨Z　⑩パープル　⑪11号　⑭営団地下鉄最後の新形式車両となった

半蔵門線　8000系

南田　最終進化系・営団顔

現役

①1980年　②1981年4月1日　③N：20000、H：2830、T：4145　④22.1～34.3　⑤10両×19　⑥アルミ製　⑦鷺沼検車区　⑧渋谷⇔押上　⑨Z　⑩パープル　⑪11号　⑭営団地下鉄初のT型ワンハンドルを採用

南北線　9000系（5次車）

南田　まだまだ伸びしろ十分！

現役

①1991年　②1991年11月29日　③N：20660、H：2830、T：4145　④25.7～33.5　⑤6両×23　⑥アルミ製　⑦王子検車区　⑧目黒⇔赤羽岩淵　⑨N　⑩エメラルドグリーン　⑪7号　⑭1次車デビュー時は車端部にクロスシートを配置

半蔵門線　18000系

久野　高貴なマカロンパープル

新人

①2020年　②2021年デビュー（予定）③N：20470、H：2830、T：4080　④26.7～32.8　⑤10両×19（予定）　⑥アルミ製　⑦鷺沼検車区　⑧渋谷⇔押上　⑨Z　⑩パープル　⑪11号　⑭従来車よりも床面を下げ、ホームとの段差を軽減。座席は消臭、抗菌、抗ウイルス加工

おわりに

Owarini

著者より

まず東京メトロの皆さんには絶大なるご協力をいただきました。お陰様で本当に楽しい、素敵な時間を過ごすことができました。

たくさんの現地取材ができたからこそ、これまでと一線を画した研究本に仕上がったのではないかと自負しております。心から御礼を申し上げます。

検車区（分室含む）12ケ所全制覇――私の念願でした。芸能界でここを制したのは実は私だけだとか!?（ちょっと自慢。笑）。ファミリー向けの車両基地イベントなどでも訪問できる検車区は限られているので、そこで普段どういう業務が行われていて、どんな方々がどのような思いで働いていらっしゃるのか。読者の方にとって知りたい情報を渡り線になってお伝えできたかなと思います。

検車区の方のみならず、多くの社員の皆さんが何より「安全・安心」を大切に、と同時にあれだけの過密ダイヤを支えてくれるのだと再認識しました。これからはより感謝の心を持って、利用します!!

この本を通じて、東京メトロという企業への興味と、現場で働くことへの魅力を感じていただき、いつか未来の社員さんが生まれたら本当に幸せです。

縦横無尽に走りまわる東京メトロは、私たちの生活にしっかりと根付いています。

地下鉄がこんなに面白いとは……想像以上でした!!

改めて、ありがとうございました!!

久野知美

監修者より

地下鉄を知る上で、とても興味深い本ができました。

東京メトロさんに全面協力いただいたおかげで、いろんな情報を記事に詰め込むことができました。取材で印象に残ったのは実際に働いている人の話を聞けたこと。若手からベテラン、東出さんまで……（笑）。

それから、やはり回送列車に乗れたことでしょうか。

漆黒のトンネルの中を車内灯をつけないで走るととてもミステリアスで、通過する駅がまぶしかったことを覚えています。地下鉄は人類が作り上げた作品なのだと改めて感じました。

今あなたがこの本を読んでいる時も、東京メトロは動いています。

地下鉄が交通を支え、東京を支え、人々の暮らしを豊かにしているんです。

最後に改めて多大なるご協力をいただいた東京メトロ関係者の皆さんをはじめ、本作に携わってくださったすべての方々に心から厚く御礼を申し上げます。

南田 裕介

2020年6月3日、
開業前の虎ノ門ヒルズ駅取材が、
実は『東京メトロとファン大研究読本』の
スタートでした。
すでに半年以上が経過しており、
鮮度という意味で企画掲載を断念しましたが、
開業前ならではの写真は貴重です！

著者

久野知美（くの・ともみ）

フリーアナウンサー、女子鉄。ホリプロアナウンス室所属。1982年7月21日、大阪府出身。“女子鉄アナウンサー”として、テレビ朝日「タモリ倶楽部」「テンション上がる会？」日本テレビ系「スクール革命！」など鉄道関連企画のテレビやラジオ、イベントに多数出演するほか、関東私鉄3社の列車自動アナウンスも担当。

近年では「東洋経済オンライン」コラム執筆などフォトライターとしても活躍中。現在のレギュラーは、テレビ東京「なないろ日和！」「よじごじ Days」、BS日テレ「友近・礼二の妄想トレイン」、BSフジ「鉄道伝説」、NHKラジオ第1「鉄旅・音旅 出発進行！」、FM NACK5「スギテツのGRAND NACK RAILROAD」など。

著書に「鉄道とファン大研究読本」「京急とファン大研究読本」（小社刊）、「女子鉄アナウンサー久野知美の かわいい鉄道」（発売：山と渓谷社、発行：天夢人）。趣味の鉄道では公私ともに海外渡航経験が豊富で、実用英語技能検定2級および、世界遺産検定2級を取得済み。鉄道ネイルや鉄道ファッションなど新しいジャンルの開拓も。

2019年からは、国土交通省認定の『日本鉄道賞』選考委員および鉄道貨物協会『鉄道貨物輸送親善大使』を務める。

監修

南田裕介（みなみだ・ゆうすけ）

株式会社ホリプロ スポーツ文化部 アナウンス室 担当チーフマネージャー。1974年8月22日、奈良県出身。静岡大学卒業後、ホリプロに入社。タレントのプロデュースをする傍ら、自身もテレビ朝日「タモリ倶楽部」、CS日テレプラス「鉄道発見伝」など、鉄道関連のテレビ、ラジオ、イベントにも出演。日本テレビ「笑神様は突然に…」『鉄道BIG4』の一人でもある。著書に「ホリプロ南田の鉄道たずねて三千里」（主婦と生活社）「南田裕介の鉄道ミステリー 謎を求めて日本全国乗り鉄の旅」（発売：山と渓谷社、発行：天夢人）など。

◎装幀・本文デザイン　二ノ宮匡、ホリウチミホ（ニクスインク）
◎本文デザイン　松浦竜矢、貞末浩子、広谷紗野夏

◎人生路線図　石川祐基（デザイン急行）

◎カバー写真提供　東京地下鉄株式会社

◎構成・取材・文　キンマサタカ（パンダ舎）、能見美緒子、京都純典、花田雪、松岡健三郎、吉田柚香子

◎編集協力　三谷悠、長島砂織、山本浩之

◎編集　滝川昂（株式会社カンゼン）

◎取材協力　株式会社ワタナベエンターテインメント

◎衣装協力　株式会社ストックマン（EUROPEAN CULTURE、MAXOU）
株式会社ビキジャパン（STUDIO PICONE）

◎企画・取材協力　東京地下鉄株式会社、株式会社ホリプロ

◎SPECIAL THANKS　取材にご協力いただいた皆様

東京メトロとファン大研究読本
一度地下に潜ると、抜け出せません！

◎発行日　2021年3月22日　初版
2023年5月16日　第2刷　発行

◎著者　久野 知美

◎監修　南田 裕介

◎発行人　坪井 義哉

◎発行所　株式会社カンゼン
〒101-0021
東京都千代田区外神田2-7-1 開花ビル
TEL 03（5295）7723
FAX 03（5295）7725
http://www.kanzen.jp/
郵便為替 00150-7-130339

◎印刷・製本　株式会社シナノ

ISBN 978-4-86255-587-8
Printed in Japan
定価はカバーに表示してあります。

ご意見、ご感想に関しましては、kanso@kanzen.jpまでEメールにてお寄せ下さい。お待ちしております。